Os Grandes Dramaturgos

Os Grandes Dramaturgos
August Strindberg

Pai

tradução
Fátima Saadi

Editora
Peixoto Neto

Coleção *Os grandes dramaturgos*
Volume 18, 1ª edição
São Paulo, 2007

TÍTULO ORIGINAL
Fadren

© Copyright da tradução da Editora Peixoto Neto, 2007, para a edição em qualquer mídia impressa ou eletrônica. Para a finalidade de encenação ou para qualquer obra audiovisual, os direitos pertencem à tradutora.

EDITOR
João Baptista Peixoto Neto

COORDENADORA DA COLEÇÃO
Silvana Garcia

CONSULTORA
Maria Thereza Vargas

PESQUISADORES E ASSISTENTES EDITORIAIS
Fabiana Lopes Bernardino
Pedro Penafiel

TRADUTORA
Fátima Saadi

REVISÃO TÉCNICA
Denise Vaudois

PREFACIADOR
Alberto Guzik

REDATORES
Fabiana Lopes Bernardino
Oficina Editorial

REVISORAS
Adriana Soares de Souza (Oficina Editorial)
Milse Conte
Cláudia Cantarin

PROJETO GRÁFICO
Eduardo Quintanilha Faustino (Oficina Editorial)

CAPA
Eduardo Quintanilha Faustino (Oficina Editorial)

EDITORAÇÃO
Oficina Editorial

GERENTE DE DISTRIBUIÇÃO E VENDAS
Valdemir Batista de Anunciação

Patrocinadores

FOTO DA CAPA
The father, de Strindberg, 1979
Foto de Guy Palmer
Arquivo University of British Columbia Archives
University of British Columbia Archive,
photo by Guy Palmer [UBC 107.1/24-3]

ISBN DO LIVRO: 978-85-88069-23-7

ISBN DA COLEÇÃO: 85-88069-03-2

DADOS INTERNACIONAIS DE CATALOGAÇÃO NA PUBLICAÇÃO (CIP)
(Câmara Brasileira do Livro, SP, Brasil)

Strindberg, August, 1849-1912.
    Pai / August Strindberg; tradução Fátima Saadi; revisão técnica Denise Vaudois. – 1ª ed. – São Paulo: Peixoto Neto, 2007.
(Os grandes dramaturgos; 18)

    Título original: Fadren
    ISBN 85-88069-03-2 (COLEÇÃO COMPLETA)
    ISBN 978-85-88069-23-7

    1. Teatro sueco I. Título. II. Série.

06-8148   CDD-839

Índice para catálogo sistemático:
1. Teatro: Literatura sueca   839

Todos os direitos desta edição estão reservados à
Editora Peixoto Neto Ltda.
Rua Teodoro Sampaio 1765, cj. 44, Pinheiros
05405-150 São Paulo, SP, Brasil
tel. (11) 3063-9040 fax 3064-9056
www.peixotoneto.com.br
editora@peixotoneto.com.br

Sumário

Prefácio

A tragédia no masculino e a
tragédia do masculino:
Strindberg e *Pai* 11

Pai

Carta de Émile Zola 23

Personagens 25

Primeiro ato 29
Segundo ato 83
Terceiro ato 113

Dossiê August Strindberg

Cronologia da vida do autor 147
Cronologia das obras do autor 151
Sugestões de leitura 157

Prefácio

A TRAGÉDIA NO MASCULINO E A TRAGÉDIA DO MASCULINO: STRINDBERG E *PAI*

Alberto Guzik

Pioneiro, inovador, radical, o sueco August Strindberg (1849-1912) foi um dos maiores artistas de seu tempo. Não só isso. Passou, ao longo da carreira, por vários gêneros da escrita, entre eles a dramaturgia, o romance, o conto, o ensaio, o diário, a crônica, o jornalismo. Foi ainda diretor teatral, ator, pintor, fotógrafo, professor, ocultista, ateu quando jovem e, na maturidade, místico. Em sua obra dramática, transitou do romantismo para o realismo, o naturalismo e o simbolismo, chegando em seus últimos anos de vida a realizar experimentos teatrais que o colocam como precursor do expressionismo, movimento que só viria a se configurar plenamente no palco uma década depois de sua morte.

Pai, peça que é oferecida aos leitores neste volume, em tradução de Fátima Saadi, foi escrita em 1887 e pertence à fase realista/naturalista do dramaturgo. Aos 38 anos, Strindberg já tinha atrás de si uma febril atividade criativa e uma vida pessoal turbulenta, na qual se inspirava abertamente, dando a ela papel de destaque em sua obra ficcional. Não é segredo que os amargos contos reunidos em *Giftas (Casar)*, de 1884, foram inspirados nas felicidades e desgraças de seu primeiro casamento, com Siri von Essen, aristocrata que em 1877 abandonara o marido, o barão Wrangel, para se unir ao jovem e promissor dramaturgo, desejando, com a ajuda dele, concretizar o sonho de tornar-se atriz.

Também é fato de conhecimento público que August Strindberg desenvolveu uma formidável misoginia. Transformou o combate entre os sexos em um dos pilares de sua escrita e de seu pensamento. Enxergava a vida como competição, conflito entre homens e mulheres, e as conseqüências desse embate retratou de modo sombrio e pessimista. Mas não era um misógino convencional. Sua hostilidade para com as mulheres envolvia um grau de fascinação que se traduz em todas as suas obras, nas quais a figura feminina ocupa sempre posição de destaque. Strindberg casou-se três vezes, a terceira com uma atriz três décadas mais nova que ele, para quem escreveu uma de suas mais belas peças, *Um sonho*. Na sua criação, essas relações apaixonadas e hostis foram transfiguradas em obras-primas. No terreno das hostilidades entre os gêneros, as mais destacadas sem dúvida são *Senhorita Júlia* (1888), *A dança da morte* (1900) e *Pai*.

Seria simplista dizer que Strindberg era um misógino sem qualificar de algum modo esse dado. O caso é que o dramaturgo tinha uma visão extremamente pessimista e lúcida da condição humana, da carga de dor que cerca todos os indivíduos, homens e mulheres. Dentro dessa paisagem ampla é que se coloca sua obsessiva revolta contra as mulheres. Não contra todas. Revoltavam-no especialmente aquelas que buscavam a emancipação, as libertárias. A elas atribuía uma vampirização de energia, fatal aos homens.

No entanto, se expressava esses pontos de vista em contos e ensaios, nunca fez de seu teatro um veículo panfletário. As obras cênicas são sempre, e antes de mais nada, teatro, veículo cujas leis e regras Strindberg compreendia e respeitava profundamente. O teatro não admite personagens unidimensionais, sob pena de não atravessar a cena nem atingir o interesse de seu público. Se o palco é, como define Shakespeare em *Hamlet*, o "espelho da natureza", tem de funcionar como tal, mostrando todos os elementos constitutivos de uma personalidade, não destacando um só aspecto dela.

Bom observador dessa lei axial da cena, Strindberg desenhou todas as suas personagens com traço firme e fina capacidade de observação. Se foi, segundo seus biógrafos, um homem obsessivo, dado a desenvolver manias, atormentado por assombrações pessoais, quando escrevia para teatro mudava de foco. Na escrita que destinou ao palco, conseguiu, de algum modo, transpor a ponte que o separava muitas vezes da realidade e atingiu uma profundidade na observação do comportamento psicológico de suas personagens a que raros escritores chegaram.

Nas três obras-mestras em que pôs no centro da ação as relações entre homens e mulheres, Strindberg lançou sobre seu assunto um olhar ácido e agudo. Registrou com uma imparcialidade quase científica os diversos resultados que servem de fecho a esses embates destrutivos. Em *Senhorita Júlia*, que se passa na noite de São João, no solstício de verão, que evoca a memória de antigos ritos pagãos de fertilidade, Júlia e Jean, a jovem condessa e o mordomo da mansão, travam um duelo de forças que levará ao desvirginamento da aristocrata pelo criado. A força feminina aqui é dominada pela masculina, e acaba por ser aniquilada: Júlia suicida-se. É preciso registrar que no prefácio a *Senhorita Júlia*, Strindberg lançou um fundamental documento da estética teatral, definindo alvos, fronteiras e procedimentos do teatro naturalista.

Na *Dança da morte*, não são dois jovens que estão em rota de colisão, mas um casal maduro, pais de uma adolescente. No farol do exército em que se passa a ação, e onde serve o marido, um capitão, os dois vão remoer queixas, mágoas, rancores, iras, em uma exposição desconcertante e brutal de sua intimidade. A luta tem uma testemunha, o médico da guarnição, amigo da família. Não há insulto ou ameaça que marido e mulher não lancem um contra o outro. Ao fim do conflito, observa-se um empate. As forças em ação parecem equivalentes. Não se anulam. Nenhuma prevalece sobre a outra. Estão condenadas as duas personagens a continuar vivendo juntas. E temem ver, na figura da filha, que aparece na segunda parte da obra, a perpetuação do conflito. Pois a garota vai se casar com o filho do médico e, possivelmente, tudo recomeçará, em outras bases, com a nova geração.

Em *Pai*, a força está com as mulheres. A peça retrata a lenta aniquilação de Adolfo, capitão do exército, vitimado pelas maquinações de sua mulher, Laura. August Strindberg construiu *Pai* segundo os moldes da tragédia grega. Não apenas pela formidável luta de fortes personalidades que se trava entre Adolfo e Laura, como por uma obediência estrita às regras aristotélicas que pregavam a unidade de tempo (a trama transcorre em até 24 horas), lugar (tudo acontece num só local) e ação (uma só história centraliza a obra). Em *Pai*, tudo acontece em um pouco mais de um dia, sempre no escritório do Capitão, figura que está no eixo dos acontecimentos, mesmo quando desaparece de cena, na maior parte do terceiro ato.

Vista à luz da ciência contemporânea, *Pai* seria uma tragédia datada. O confronto entre Laura e Adolfo, mais ou menos represado durante longos anos, aflora quando, numa manobra cruel, a mulher pergunta ao marido se ele tem mesmo certeza de que a jovem Berta é sua filha. A dúvida sobre a paternidade da garota, que nunca passara antes pela cabeça do Capitão, transforma-se em uma idéia fixa que consome com implacável velocidade toda a força vital desse torturado homem. Nenhum dramaturgo poderia hoje escrever *Pai* sem levar em conta que um exame de DNA determinaria com certeza próxima do absoluto a paternidade da criança. O que nos leva então a, nesta era pós-DNA, ler, apreciar e assistir a *Pai?* A resposta certamente está no gênio de Strindberg.

    A peça fascina pela grandeza das figuras esculpidas pelo dramaturgo. Laura e Adolfo são seres gigantescos em seu embate. E o que está em jogo? A educação de Berta. O pai quer afastar a menina de casa, mandá-la para longe. Deseja que ela estude na capital, que se encaminhe para uma profissão. A vontade da mãe é que a garota fique junto de si, para fazer dela talvez uma artista, uma pintora, quem sabe. O que caracteriza Laura é sua titânica vontade, sua malícia. Trai, engana, é implacável. Esmaga o Capitão e avisa-o do que está fazendo. Na grande cena final do segundo ato, ela o obriga a declarar-se vencido. Mas Adolfo ainda tem algumas cartas na manga, e tenta a jogada final. Porém a astúcia de Laura leva a melhor sobre a integridade e a probidade ingênuas de Adolfo.

    Com sagacidade magistral, Strindberg mostra como as figuras que mais amam o Capitão, sua jovem e bela filha, Berta, e a velha ama devota a Deus, Margarida, são levadas a afastar-se dele. Deixam de querê-lo não por alguma ação direta de Laura, mas por uma trama sutil e cruel. Por conta de suas conversas com Laura, da possibilidade da traição e do adultério, o desorientado pai de família passa a agir de maneira alucinada e agressiva. Exatamente o que Laura deseja. Assim, não lhe é difícil convencer o Pastor e o Médico da guarnição de que o marido enlouqueceu e tem de ser internado. Mas Adolfo conseguirá, de algum modo, frustrar esses planos da mulher.

A razão pela qual ainda hoje se admira *Pai* é a mesma pela qual amamos *Oréstia*, de Ésquilo, e *Ifigênia em Aulis*, de Eurípides. De certa forma, Laura e Adolfo correspondem a uma versão moderna de Clitemnestra e Agamêmnon. Assim como a rainha grega assassina o general do exército que derrotou Tróia, a moderna mulher do Capitão, com igual arrogância e altivez, pretende conduzir à morte seu combalido consorte. E, como ela mesma proclama, o faz sem sentir nenhuma sombra de arrependimento, chamando-o de amigo. São formidavelmente teatrais esses choques estrondosos de casais. Eles ecoaram ao longo do século XX, na obra de Eugene O'Neill, Pirandello, Tennessee Williams, Nelson Rodrigues, Edward Albee, Harold Pinter.

O Capitão admite que a culpa dos acontecimentos não é de Laura. Revela que, filho indesejado, rejeitado pela mãe, cresceu sem força, sem vontade. Sugere assim que, fosse outro seu temperamento, teria sido capaz de dominar a rebelde e hipócrita Laura. De certa forma, a misoginia de Strindberg e a força do conflito entre Laura e Adolfo mascaram o conflito central da peça, que extrai sua perenidade não do fato de nos mostrar um casal duelando, mas um par de arquétipos em conflito. Laura e Adolfo são o casal primordial. Tão primordial quanto Jonas e Senhorinha, a dupla igualmente implacável, saída da imaginação de Nelson Rodrigues em *Álbum de família*. O dramaturgo brasileiro, aliás, admitia Strindberg entre as poucas influências que reconhecia em sua obra.

Assim como a *Oréstia*, de Ésquilo, *Pai* é a tragédia do masculino. A falha trágica de Agamêmnon, da mesma forma que a de Adolfo, está num truísmo da masculinidade: a pressuposição do comportamento submisso da esposa ao marido. No entanto, diversamente do confronto fatal entre o rei grego e sua mulher, Clitemnestra, a masculinidade em questão no *Pai* é vazada em um molde menos arcaico, mais psicológico. Adolfo não é o rei, o chefe. É o homem domado. Soube comandar suas tropas, mas não sua casa. E o fato de atingir, ao fim, a imobilidade, trazida por um derrame cerebral, acaba por se tornar a mais pungente das imagens em uma peça repleta delas.

Laura não é uma figura odiosa, está longe de ser uma megera. Tem a frieza dos conquistadores, mas trata o capitão vencido com dignidade. É hipócrita e ardilosa, mas luta pelo que lhe parece ser justo: o desejo de determinar a educação da filha. Embora não tenha consciência precisa disso, Laura está brigando pelos direitos da mulher. E triunfa em toda a linha. Para uma peça escrita por um misógino, haveremos de convir que não é pouca coisa. Além disso, a habilidade que Strindberg confere a Laura é impressionante. Ela manobra com impressionante destreza para atingir seus fins. É cínica, implacável, sem remorsos.

Laura é parente próxima da Sra. X, protagonista de outra peça de Strindberg, *A mais forte*. Essa obra em um ato delineia o breve embate entre duas atrizes, no qual Strindberg ilustra o comportamento darwinista da mulher que reconquista o marido usando todos os métodos de sedução que ela observou serem empregados pela amante, a quem confronta agora. É uma véspera de Natal, e ela vai para casa, para o marido e os filhos, enquanto a amante ficará a sós, no café. A grande diferença entre *A mais forte* e *Pai*, escritas na mesma época, é que para a Sra. X interessa manter o marido, como símbolo de sua vitoriosa determinação, enquanto o objetivo de Laura é a destruição de Adolfo, alvo que ela anuncia com todas as letras desde sua primeira cena.

A Sra. X e Laura atestam a concordância de Strindberg com as teses darwinistas expostas em *A origem das espécies*. Nos conflitos, sobrevive o mais apto, o que se adapta melhor às circunstâncias. E na visão de Strindberg, as mulheres são os seres que têm mais condições para isso. A Sra. X nos dá o exemplo de que não há alianças de gênero na guerra pela sobrevivência. Não por serem antagonistas dos homens, as mulheres buscarão alianças entre si. Ao contrário, a vitória de X sobre sua antagonista é total. Tão absoluta que Strindberg não se dá ao trabalho de lhe atribuir uma única fala durante toda a ação. A palavra, assim como a posse do marido, pertencem a X, a vitoriosa. Talvez, num próximo momento, ela perceba o marido como um entrave que deve ser eliminado, assim como ocorre com Laura em *Pai*. Mas no momento em que se passa a ação de *A mais forte*, X quer o marido ao seu lado.

Strindberg desenhou, em outras obras, adoráveis figuras femininas. A protagonista de *Um sonho*, Agnes, filha do deus Indra, que foi enviada para a Terra a fim de verificar como vivem os humanos, está nesse caso. É um ser gentil, delicado, que será massacrado pelo cotidiano, pelos conflitos que a civilização cria em nome do bem comum. A história de Agnes comprova que, mais que um misógino, Strindberg era um pessimista, para quem a humanidade seria lamentável. A dor dessa constatação está presente até mesmo em suas peças fantasiosas, escritas para públicos mais jovens, como *As chinelas de Abu Kassem* e *A viagem de Pedro, o Felizardo*.

A tradução de *Pai* assinada por Fátima Saadi, a partir de uma versão para o francês da peça elaborada pelo próprio dramaturgo, captura com muita precisão a linguagem tensa dos diálogos, a fala quase delirante do Capitão. O trabalho da tradutora trai a busca da oralidade, a preocupação em obter um texto capaz de ser dito por atores, não só para ser lido por aficionados. Um jogo preciso e cuidadoso. É fiel ao estilo um tanto retórico, característico do dramaturgo. Retirar de Strindberg a força da argumentação verbal seria despi-lo de um dos elementos mais fortes de seu estilo. Fátima Saadi manteve essa característica, sem tentar modernizar ou atualizar o discurso do dramaturgo sueco. No conjunto, a incursão da tradutora pela seara strindberguiana resulta em uma criação que conserva, em português, as características que fizeram do autor um artista único e incomparável.

A despeito de todas as limitações provocadas por suas crises, que em certas épocas puderam levá-lo a crer que sua sensibilidade exacerbada era causada pela influência de raios cósmicos e forças esotéricas, apesar de suas opiniões extremadas e ilógicas sobre assuntos controversos, como a questão da mulher, Strindberg foi um dos dramaturgos mais influentes e poderosos do teatro moderno. Filho da união de um burguês com uma empregada doméstica, situação que retratou em um contundente livro de memórias, *O filho da empregada*, criança torturada e adolescente problemático, ele soube encontrar na arte as válvulas de escape para seus demônios internos. É possível discordar de suas idéias (sobre as mulheres, por exemplo) ou concordar com elas (quando detecta os abismos sociais que nos engolfam ou constata a grotesca e lastimável condição humana).

O que não se pode ignorar é que esse artista magistral estabeleceu como nenhum outro a ponte entre a tradição e o futuro. Agregou elementos românticos aos seus escritos, tomou-se a si mesmo e a sua vida como fontes de inspiração para sua obra, buscou uma distorção nas formas da narrativa que correspondia às suas angústias e dilacerações internas, voltou-se para a ciência e mais tarde para o ocultismo na tentativa de esclarecer os mistérios insondáveis do ser. Sem as viagens e aventuras de August Strindberg pelo palco, podemos estar certos de que a forma e a pulsação do teatro contemporâneo seriam outras. Os eixos da modernidade e da tradição passaram por suas mãos e delas saíram intensamente modificados.

Muitos dos caminhos que a arte percorreu no último século foram pavimentados por ele. Se é gigantesco nos exageros e nas obsessões, também é desmesurado na ousadia e nos acertos. E de sua extensa dramaturgia, *Pai* certamente está entre as melhores obras. Bem-vindos ao universo conturbado, tumultuado e grandioso dessa figura única: August Strindberg.

Pai

Tragédia em três atos

Precedida de uma carta do sr. Émile Zola

O texto-base utilizado foi a tradução do sueco para o francês, realizada pelo próprio Strindberg e que é mais concisa que a peça original. A edição da qual partimos foi publicada em Estocolmo pela Editora Albert Bonniers em 1888, ano de apresentação da peça no Teatro do Casino em Copenhague e no Novo Teatro em Estocolmo, como consta na folha de rosto da edição que nos foi gentilmente cedida pelo Museu Strindberg de Estocolmo. Procuramos respeitar a pontuação do original, sempre que isso não interferisse na compreensão.

Paris, 14 de dezembro de 87

Senhor e caro confrade!
Tenho que lhe pedir muitíssimas desculpas por meu longo silêncio. Mas se o senhor soubesse a vida que tenho levado, quanto trabalho e quantas amolações! Não queria enviar-lhe seu manuscrito sem o ter lido e só agora encontrei o tempo necessário.

Seu drama me interessou vivamente. A idéia filosófica é muito corajosa, os personagens foram muito audaciosamente apreendidos. O senhor tirou da dúvida a respeito da paternidade efeitos fortes, perturbadores. Enfim, sua Laura é realmente a mulher em seu orgulho, na inconsciência e no mistério de suas qualidades e defeitos. Ela ficará impregnada na minha memória. Em resumo, o senhor escreveu uma obra curiosa e interessante, na qual há, sobretudo mais para o fim, coisas muito belas. Para ser franco, certas análises sumárias me incomodam um pouco. O senhor sabe, talvez, que não sou a favor da abstração. Prefiro que os personagens tenham um estado civil completo, que seja possível esbarrar com eles, que eles estejam mergulhados na nossa atmosfera. E o seu Capitão, que nem nome [*sic*] tem, seus outros personagens, que são quase abstrações, não me dão a sensação completa de vida que eu exijo. Mas há, certamente, ali, entre mim e o senhor, uma questão de raça. Repito: assim como é, sua peça é uma das raras obras dramáticas que mexeram profundamente comigo.

Creia na minha grande simpatia, seu mui devotado confrade,

Émile Zola.

Personagens

O Capitão
O Pastor
   protestante, casado
O Médico
Laura
   mulher do Capitão
Berta
   filha do Capitão
Margarida
   babá
Pedro
O ordenança

A cena se passa no campo, perto de Estocolmo, atualidade.[1]

---
1 A peça foi escrita em 1887.

Primeiro Ato

Primeiro Ato

Sala em casa do Capitão. Uma porta ao fundo e outra à esquerda. Porta dissimulada à direita. No meio do cômodo, gueridom coberto de jornais e revistas. À direita, canapé com uma mesa. À esquerda, grande escrivaninha antiga. Pendurados nas paredes, panóplias[2] e apetrechos de caça.

Cena 1

O Capitão e o Pastor, no canapé.

O capitão

(Toca.)

O ordenança
(Entrando.) Às suas ordens, Capitão!

O capitão
Pedro está aí?

O ordenança
Às suas ordens, Capitão!... na cozinha.

O capitão
Sempre na cozinha! Mande-o aqui imediatamente!

---

2 Panóplia é um escudo em que se colocam diversas armas e que é utilizada para adornar paredes. (N. da T.)

O ORDENANÇA
Às suas ordens, Capitão! *(Sai.)*

O PASTOR
Mais preocupações, cunhado?

O CAPITÃO
O safado não deixa as empregadas em paz.

O PASTOR
O Pedro? Mas ele já tinha sido pego no outono passado.

O CAPITÃO
Até você se lembra! Você não poderia passar um sermão nele? Eu já cansei de reclamar; já ameacei até bater nele.

O PASTOR
E vem me pedir para mandá-lo para o catecismo. A palavra divina não tem nenhuma influência sobre um militar.

O CAPITÃO
Sobre mim não tem mesmo! Você está cansado de saber!

O PASTOR
Até demais!

O CAPITÃO
Mas, sobre ele... não custa tentar!

Cena 2

Os mesmos. Pedro.

O CAPITÃO
O que foi que você fez, Pedro?

PEDRO
Não posso dizer, Capitão, diante do reverendo.

O PASTOR
Fale, meu filho!

O CAPITÃO
Alivie a consciência, e seja sincero!

PEDRO
Calma, Capitão. A coisa aconteceu assim, com todo o respeito, reverendo: foi durante uma noitada na casa do velho Gabriel; tínhamos dançado até cansar, quando aquele infeliz do Júlio me disse...

O CAPITÃO
Não quero ouvir falar do Júlio! Direto ao assunto, Pedro!

PEDRO
E então, aí, a Henriqueta me disse que seria melhor ir até o bosque...

O CAPITÃO
Você quer nos fazer acreditar que foi a Henriqueta que se-

duziu você, seu sem-vergonha!

PEDRO
Não!, meu Capitão, mas sem a boa vontade da mulher não se consegue nada.

O CAPITÃO
Resumindo, você é ou não o pai da criança?

PEDRO
Como é que eu posso saber?

O CAPITÃO
Hein?... você não pode saber?

PEDRO
Saber como? Que certeza se pode ter num caso destes?

O CAPITÃO
Então você não estava sozinho na hora?

PEDRO
De fato, Capitão, naquele dia. Mas isso não dá nenhuma garantia.

O CAPITÃO
Você quer jogar a culpa no Júlio, é isso?

PEDRO
Não é fácil dizer em quem se pode jogar a culpa, meu Capitão.

O CAPITÃO
Mas você disse à Henriqueta que queria casar com ela!

PEDRO
É o que a gente sempre diz, Capitão; sem isso...

O capitão
Que horror!

O pastor
É o velho truque! Mas, escute, Pedro, você deve saber se você é o pai ou não.

Pedro
A Henriqueta foi minha, claro; mas isso nem sempre tem conseqüências, como o senhor sabe, reverendo.

O pastor
Mas veja bem! Você não pode deixar essa pobre moça sem auxílio. Ninguém pode forçá-lo a se casar, mas você fica obrigado a sustentar a criança. Entendeu?

Pedro
Com certeza! Mas então o Júlio também tem que...

O capitão
Então vai ser preciso ir aos tribunais. Não posso resolver a questão que, aliás, não me agrada nem um pouco. Vamos! Meia-volta!

O pastor
Pedro! Espere um momento! Você não acha que é profundamente desonesto abandonar com uma criança uma mulher depois de seduzi-la? Você acha correta essa sua atitude? Você não gostaria de se encarregar da criança?

Pedro
Perfeitamente, senhor Pastor, no caso de eu ser o pai, o que não é fácil de provar. Mas arrastar uma vida dura de trabalho pelos filhos de outro não é de causar inveja a ninguém.

O CAPITÃO
    Saia! Imediatamente.

PEDRO
    Às suas ordens, Capitão.

O CAPITÃO
    Mas não vá para a cozinha, Pedro!

Cena 3

O Capitão. O Pastor.

O CAPITÃO
Foi esse o seu sermão?

O PASTOR
O que você queria? Eu não o repreendi?

O CAPITÃO
Repreendeu coisa nenhuma. Não ouvi uma única palavra de censura.

O PASTOR
Francamente, não é fácil tomar partido num caso desses. A moça dá pena, claro, mas o rapaz também, se a gente pensa que ele pode não ser o pai. Quanto à moça, ela pode se ajeitar entrando como ama-de-leite no asilo de órfãos durante alguns meses; depois fica livre para se empregar na casa de alguma família rica; mas o rapaz não pode fazer nada disso.

O CAPITÃO
Sinceramente, eu é que não queria estar na pele do juiz que vai julgar esse caso. Se o rapaz é culpado, ninguém sabe. Tudo o que se sabe é que a moça pecou. Pecou, com o perdão da palavra!

O PASTOR
Não julgueis para não serdes julgados. Enfim, do que é que estávamos falando quando estourou esse caso desagradável? O

que era mesmo? Ah, lembrei: de Berta e da primeira comunhão dela.

O CAPITÃO
Não exatamente! Da crisma, ou melhor, da educação dela de modo geral. A casa está cheia de mulheres que, todas ao mesmo tempo, se acham no direito de educar a minha filha. Minha sogra quer fazer dela uma espírita; minha mulher, uma artista; a preceptora a empurra para a Igreja evangélica e a minha velha babá, para a Igreja batista. Assim não dá para formar o espírito de uma criança; por isso decidi afastá-la dessa convivência.

O PASTOR
A sua casa está atravancada de mulheres, meu caro!

O CAPITÃO
Também acho. É como uma jaula cheia de feras e, se eu não as trouxesse debaixo de chicote, elas me estraçalhariam em dois tempos! E você ainda ri, seu sem-vergonha! Não satisfeito de me dar a irmã em casamento, ainda jogou a madrasta nas minhas costas.

O PASTOR
Ninguém deve, jamais, morar junto com a sogra.

O CAPITÃO
O melhor é despachá-la para a casa dos outros, não é?

O PASTOR
Cada um carrega a sua cruz, segundo a vontade de Deus.

O CAPITÃO
Não tenha dúvida! Só que a minha é pesada demais! Imagine que eu ainda tenho que agüentar a minha velha babá, que, se tivesse coragem, amarrava um babador no meu pesco-

ço. Boa pessoa, no fundo, mas não consegue perceber que o tempo dela já passou.

O PASTOR
Caro cunhado, é preciso trazer essas suas mulheres na rédea curta.

O CAPITÃO
Como...? Isto é o que eu estou curioso para saber.

O PASTOR
Para falar a verdade, a minha querida Laura sempre foi um pouco ardilosa.

CAPITÃO
Laura tem qualidades e defeitos, mas ela não é a pior.

O PASTOR
Não se faça de desentendido! Eu conheço Laura como a palma da minha mão.

O CAPITÃO
Com a educação romântica que teve, não se habitua com a administração da casa; mas, apesar de tudo, é minha mulher...

O PASTOR
E isso faz os defeitos dela desaparecerem? Confesse, meu amigo, que você a vê de muito perto, até demais.

O CAPITÃO
Enquanto isso, a casa está totalmente desgovernada. Laura não quer se separar de Berta e eu não posso deixar essa menina numa casa de doidos.

O PASTOR
Ah!... Laura não quer!... Então vá se preparando para ter problemas sérios. Desde criança, a violência com que ela se

agarrava ao que queria era fatal. Mas, depois de obter ganho de causa, desistia de tudo, explicando que o único objetivo da insistência era impor a sua própria vontade.

O CAPITÃO
Ela já era voluntariosa assim naquela época! Hoje em dia tem crises de teimosia tão violentas que parecem uma doença.

O PASTOR
Mas que projetos você tem para Berta que tornam impossível qualquer acordo?

O CAPITÃO
Não desejo formá-la à minha imagem e semelhança, nem fazer dela uma criança prodígio. Não quero transformar minha filha numa mulher exigente demais porque, ficando solteirona, passaria pelas agruras das que não se casam; também não quero dar a ela uma educação e uma profissão masculinas por medo de que o futuro marido encontre nela, em vez de uma esposa, um funcionário público, um artista ou até um médico.

O PASTOR
Mas, afinal, o que é que você está pretendendo?

O CAPITÃO
Que minha filha Berta, sem dote e sem herança, estude para ser professora. Os tempos andam difíceis, você sabe, e é preciso estar preparado para o que der e vier. Se ela ficar solteira, vai poder ganhar honestamente a vida; se casar, usa o que tiver aprendido na educação dos próprios filhos. Tenho ou não tenho razão?

O PASTOR
Tem. Mas Berta não mostrou uma inclinação tão grande pela pintura que contrariá-la seria violentar sua natureza?

O CAPITÃO
Não, de forma alguma! Mostrei alguns esboços de Berta a um artista famoso e ele não viu neles nada de extraordinário. Mas apareceu um pateta que viu nos desenhos da minha filha talentos surpreendentes e a coisa ficou decidida contra a minha vontade.

O PASTOR
Ele está apaixonado pela menina!

O CAPITÃO
Imagino que sim.

O PASTOR
Então, não vejo saída. E você disse que estão todos do lado de Laura. *(Aponta para a porta que dá para os demais cômodos da casa.)*

CAPITÃO
Não tenha dúvida! A luta já começou e, cá entre nós, as manobras não primam pela lisura.

O PASTOR
Sei como é.

O CAPITÃO
Você também!

O PASTOR
Eu também!

O CAPITÃO
O pior é que, lá dentro *(Gesto.),* a carreira de Berta parece ser determinada pelo ressentimento. Então, chovem palavras de vingança relativas às capacidades da mulher comparadas com as do homem; o dia todo a mulher é contraposta ao homem.

— O quê? Você já vai embora? Fique mais um pouco! Você sabe que estou esperando esta noite o novo médico. Você já cruzou com ele?

O PASTOR
Já, rapidamente, quando estive pela última vez na cidade. – Aparência muito boa, muito franca.

O CAPITÃO
Você acha que esse homem pode vir a ser meu aliado?

O PASTOR
Depende do grau de sensibilidade dele às investidas das mulheres.

O CAPITÃO
Você vai mesmo embora?

O PASTOR
Vou. Prometi à minha mulher voltar para o jantar: não quero que ela fique preocupada.

O CAPITÃO
Você quer dizer: com ciúme. Então está bem... Vou ajudar você com o capote.

O PASTOR
Obrigado! Deve estar frio lá fora. – Adolfo, cuidado com a saúde; você parece muito aborrecido hoje.

O CAPITÃO
Imagina, eu, aborrecido?

O PASTOR
Você tem alguma coisa, não estou achando você muito bem, Adolfo; palavra de honra.

O CAPITÃO
Foi Laura que meteu isso na sua cabeça? Faz vinte anos que ela me trata como um condenado pela Faculdade de Medicina, e, apesar de tudo, eu continuo vivo.

O PASTOR
Claro. Mas estou preocupado com você mesmo assim. Cuide-se! Até logo! – Confesse, agora que já estou indo, que era da crisma que você queria falar.

O CAPITÃO
Não, meu caro: em matéria de religião, não peço conselho a ninguém e, graças ao pátrio poder, vou educar minha filha na fé do pai dela.

O PASTOR
A fé do ateu! Até logo! Lembranças a Laura.

Cena 4

O Capitão. Depois, Laura.

O CAPITÃO
(Senta à escrivaninha e pega uns papéis relativos à contabilidade.)
Trinta e quatro, e nove, quarenta e três, sete, oito, cinqüenta e seis.

LAURA
(Entrando.)
Se você não se importar de...

O CAPITÃO
Só um instante. Setenta, setenta e um, oitenta e quatro, oitenta e nove, noventa e dois, cem! – O que foi?

LAURA
(De pé, diante da escrivaninha.)
Estou atrapalhando?...

O CAPITÃO
De jeito nenhum. É dinheiro pras compras, com certeza?

LAURA
É, o dinheiro das compras.

O CAPITÃO
    Deixe as notas aí, vou conferir.

LAURA
    As notas?

O CAPITÃO
    Sim, as notas.

LAURA
    A partir de quando isso se tornou obrigatório?

O CAPITÃO
    A partir de hoje. Como a situação não anda boa, é preciso manter a contabilidade em dia, para o caso de precisar solicitar um acordo; sem isso, eu posso ser processado como devedor negligente.

LAURA
    Não é culpa minha se a economia da casa deixa a desejar.

O CAPITÃO
    É exatamente o que será demonstrado pelas notas.

LAURA
    Se o arrendatário não paga o aluguel, a culpa é de quem?

O CAPITÃO
    É de quem o recomendou com tanta ênfase: é sua. Por que você me recomendou esse tratante?

LAURA
    E por que você aceitou esse tratante?

O CAPITÃO
    Porque, se eu não o aceitasse, não poderia mais comer, nem dormir nem trabalhar em paz. Você quis o rapaz porque seu pai desejava se livrar dele; minha sogra quis porque eu não queria; a

preceptora o achou encantador porque ele é evangélico e a velha Margarida o apoiou porque foi amiga de infância da mãe dele. Ele foi aceito pela soma de todos esses motivos e, se eu não o tivesse admitido, estaria hoje trancafiado num hospício ou, no mínimo, deitado no túmulo da família. Mesmo assim, está aqui o dinheiro para as compras, e aqui para os pequenos gastos.

Laura
Muitíssimo obrigada! – Você também leva em conta as suas despesas pessoais?

O capitão
Isso não é da sua conta!

Laura
Como também não é da minha conta a educação da minha filha, claro! Imagino que vocês devem ter tomado alguma decisão depois da reunião desta noite.

O capitão
Minha decisão já estava tomada; só me restava comunicá-la ao único amigo da família. – Daqui a quinze dias Berta vai morar fora.

Laura
E na casa de quem? Se posso saber.

O capitão
Na casa do meu amigo, o comissário auditor.

Laura
O livre-pensador.

O capitão
Conforme a lei em vigor, as crianças devem ser educadas na fé do pai.

Laura
E a mãe não opina em questão de tamanha importância?

O capitão
Não. Ao ceder seu direito de primogenitura por aquisição judicial, ela cede todos os seus direitos, mediante a indenização ou compensação que você conhece.

Laura
Eu não conheço indenização nem compensação nenhuma.

O capitão
Vai querer que eu explique?

Laura
Claro!

O capitão
Pelo contrato, o pai se encarrega da subsistência da mãe e de seus filhos, em troca dos direitos maternos, que lhe são transferidos.

Laura
Por conseguinte, eu não tenho nenhum direito?

O capitão
Sobre a sua vida, todos! Sobre a criança, nenhum! Não é justo? Negócio concluído, mercadoria adquirida... exceto em caso de não-pagamento.

Laura
Suponhamos que o pai e a mãe estejam de acordo sobre...

O capitão
De que jeito? Eu quero que minha filha vá estudar na cidade; você quer que ela fique aqui. Entre esses dois extremos, a média seria que ela morasse no meio do caminho. A questão é insolúvel.

LAURA
Então vamos ter que solucioná-la. Você soube do caso do Pedro?

O CAPITÃO
É segredo profissional meu.

LAURA
Que a cozinha toda conhece.

O CAPITÃO
Então você também conhece?

LAURA
Em detalhes.

O CAPITÃO
E você pode julgar um caso desses?

LAURA
O julgamento é ditado pelo Código Civil.

O CAPITÃO
Perdão. O Código não revela o pai da criança.

LAURA
É verdade. Mas essas coisas são fáceis de saber.

O CAPITÃO
Há pessoas sérias que afirmam que ninguém tem como saber esse tipo de coisa.

LAURA
Você me surpreende, Adolfo! Não se pode saber quem é o pai de uma criança?

O CAPITÃO
Dizem que não.

Laura
Então como é possível que o pai tenha sobre a criança todos esses direitos de que você falou?

O capitão
Esses direitos são a contrapartida dos deveres, e, no casamento, não se admite a contestação da paternidade.

Laura
Então, no casamento, não há dúvidas.

O capitão
Espero que não.

Laura
E em caso de infidelidade da mulher?

O capitão
Não é o nosso caso. Em que mais posso ser útil?

Laura
Em nada.

O capitão
Vou para o meu quarto. Quando o doutor chegar, mande-me avisar imediatamente, não quero que ele espere.

Laura
Imediatamente.

O capitão
Assim que ele chegar!... Entendeu? *(Sai depois de fechar a chave a escrivaninha.)*

Laura
Entendi.

Cena 5

Laura. Depois, o Médico.

Laura

(Olhando para o dinheiro que está em sua mão.)

Indenização!... Compensação!... o dinheiro para as compras! Meu Deus!

Voz da sogra

(Fora.)

Laura!

Laura
Senhora?

Voz da sogra
Você preparou o meu chá?

Laura

(Na porta da esquerda.)

Margarida vai servir você agora mesmo. *(Barulho no vestíbulo.)*

(Laura vai em direção à porta do fundo.)

O ordenança
O doutor!

O MÉDICO

(Entrando.)

Minha senhora! Boa noite.

LAURA

(Estendendo-lhe a mão.)

Seja bem-vindo, doutor; estou muito feliz em vê-lo. O Capitão saiu, mas volta daqui a pouco.

O MÉDICO
Queira desculpar-me por chegar assim tão tarde, mas fui parado no caminho para uma consulta.

LAURA
Tenha a bondade de sentar.

O MÉDICO
Muito agradecido.

LAURA
Temos aqui alguém muito doente neste momento e, para nós, relegados ao campo, é da maior importância ter um médico que compreenda com clareza os interesses dos seus clientes. Tenho sobre o senhor, doutor, as melhores informações, o que me faz prever relações muito cordiais.

O MÉDICO
A senhora é muito amável e quero crer que minhas visitas como médico não serão exigidas com freqüência por sua família, que, no geral, goza de boa saúde, não é verdade?

LAURA
Felizmente as crises sérias não são freqüentes, no entanto, nem tudo está como deveria.

O MÉDICO
Como assim?

LAURA
Infelizmente, a situação deixa muito a desejar.

O MÉDICO
A senhora está me deixando alarmado.

LAURA
O senhor sabe, em toda família há certos fatos de tal natureza que devem ser dissimulados aos olhos de todos...

O MÉDICO
Exceto do médico.

LAURA
É por isso que devo primeiro revelar ao senhor...

O MÉDICO
Permita-me, senhora, adiar as revelações para depois de minha entrevista com o Capitão.

LAURA
Pelo contrário! O senhor tem que me escutar antes de falar com ele, senão vai ficar surpreso com o aparente equilíbrio dele.

O MÉDICO
Então é a respeito do estado de espírito do Capitão...?

LAURA
Meu pobre marido! Meu querido Adolfo!

O MÉDICO
A senhora está me deixando apreensivo, e compartilho a sua dor.

LAURA
Meu marido está acometido de alienação mental. Em duas palavras, o senhor está a par da doença e agora cabe ao senhor julgar.

O MÉDICO
Estou atônito! Li muitos artigos excelentes dele sobre mineralogia, nos quais pude admirar a clareza e a amplitude de seu pensamento, o que é um indício de um espírito equilibrado e produtivo.

LAURA
É verdade! Seria uma grande felicidade para nós, seus parentes, se estivéssemos todos enganados.

O MÉDICO
A lucidez e a grandeza do pensamento dele sobre esse ponto não provam que seu estado mental não possa estar perturbado sob outros aspectos. Fale, minha senhora, por favor.

LAURA
Imagine que, de tempos em tempos, ele tem idéias estranhíssimas, admissíveis num cientista, caso as conseqüências não arruinassem sua família; ele tem mania de comprar tudo, sem critério nenhum.

O MÉDICO
Isto é grave. Mas o que é que ele compra, em geral?

LAURA
Livros; caixotes de livros que nunca lê.

O MÉDICO
Não há nada de alarmante no fato de um pesquisador comprar livros.

LAURA
O senhor não acredita na minha palavra, doutor?

O MÉDICO
Pelo contrário, estou convencido de que a senhora acredita no que está me dizendo.

LAURA
E isto: "É possível que se possa ver o que se passa em outro planeta, com a ajuda do microscópio".

O MÉDICO
A senhora tem certeza de que ele realmente afirma coisas desse tipo?

LAURA
Basta o senhor perguntar a ele.

O MÉDICO
Com a ajuda de um microscópio?

LAURA
De um microscópio, isso mesmo.

O MÉDICO
Aí o caso seria sério.

LAURA
O senhor ainda duvida, doutor! O senhor não confia na minha sinceridade e eu lhe revelei os mistérios sagrados da família.

O MÉDICO
Sua confiança me honra, mas o médico de uma família, antes de dar a sua opinião, deve refletir, examinar, pesquisar a fundo. Em primeiro lugar, a senhora observou nele uma certa variação de humor, instabilidade, caprichos?

LAURA
O senhor está me perguntando isso, doutor. Mas desde o nosso casamento, há vinte anos, ele nunca tomou uma decisão sem abandoná-la logo depois.

O MÉDICO
Ele tem crises de teimosia?

LAURA
É preciso sempre concordar com ele, aceitar suas idéias, mas quando ele obtém ganho de causa, fica satisfeito, não exige mais nada e diz que eu decida por minha conta.

O MÉDICO
Instável e teimoso ao mesmo tempo! É caso para se preocupar! A vontade, veja a senhora, é como a espinha dorsal da alma; se é ferida, a alma se desvanece e cai.

LAURA
E dizer que aprendi a me submeter à sua vontade durante longos anos de tormenta.

O MÉDICO
Seu sofrimento me toca profundamente e eu lhe prometo envidar esforços para minorá-lo. A senhora tem em mim um amigo. Mas, a partir de suas informações, preciso alertá-la contra algumas imprudências. Evite o mais possível provocar contradições excessivamente violentas que possam degenerar em idéias fixas ou monomanias, hóspedes habituais de um cérebro perturbado ou enfraquecido.

LAURA
Então é preciso evitar despertar suspeitas?

O médico
Porque, imagine, é possível fazer com que acredite em tudo o que se queira.

Laura
Em tudo o que se queira!... É isso! *(Tocam de dentro da casa.)* Desculpe! Minha mãe está chamando... um momentinho... Ah! Aqui está Adolfo.

Cena 6

O Médico. O Capitão (Que entra pela porta da direita.)

O CAPITÃO
Ah! O senhor está aí, doutor! Seja bem-vindo à nossa casa!

O MÉDICO
Estou feliz, senhor Capitão, de conhecer um cientista como o senhor.

O CAPITÃO
Doutor! Por favor...

O MÉDICO
Oh! Tenho acompanhado seu trabalho, seus escritos científicos, o senhor sabe...

O CAPITÃO
Um militar em serviço não tem condições de fazer um trabalho sério; no entanto, orgulho-me de estar na pista de uma descoberta.

O MÉDICO
Realmente! O senhor é um inventor, senhor Capitão?

O CAPITÃO
Avalie o senhor mesmo! Submetendo meteoritos à análise espectral, constatei a presença de carbono, o que indica, evidentemente, a existência de organismos decompostos.

O MÉDICO
O senhor observou isso com o microscópio!

O CAPITÃO
Com o espectroscópio, doutor!

O MÉDICO
O espectroscópio! Peço-lhe desculpas, mas então o senhor está em condições de nos dizer o que se passa em Júpiter.

O CAPITÃO
Estaria, se um livreiro de Paris me mandasse os livros que eu encomendei já faz dois meses. Mas estou quase achando que todos os livreiros do mundo conspiram para me contrariar... Imagine que há dois meses nenhum deles me responde, é de deixar a pessoa louca!

O MÉDICO
Calma, calma, Capitão. É a negligência habitual, nada além de negligência.

O CAPITÃO
Aquela besta! Por causa da negligência dele, vou ficar atrasado em relação aos meus colegas de Berlim, que estão trabalhando sobre o mesmo tema. Mas chega, chega desse assunto! Voltando a nós: o senhor quer se instalar aqui no pavilhão ou prefere morar na antiga residência da comuna?

O MÉDICO
Como o senhor preferir.

O CAPITÃO
Não! Escolha o senhor. Diga!

O MÉDICO
O senhor é que decide, Capitão.

O CAPITÃO

(Dando mostras de impaciência.)

Não cabe a mim decidir. O senhor é quem tem que escolher. Eu não quero nada, absolutamente nada!

O MÉDICO

(Observando-o.)

Para mim tanto faz.

O CAPITÃO

(Cada vez mais impaciente.)

Que inferno! Diga o que prefere! Da minha parte, não tenho a esse respeito nenhum desejo, nenhuma idéia formada. A sua timidez o impede de dizer o que mais lhe agrada. Responda, doutor, ou vou me aborrecer!

O MÉDICO

Já que é preciso decidir, prefiro morar aqui.

O CAPITÃO

(Cansado.)

Obrigado, doutor! e desculpe. Mas não há nada no mundo que me exaspere mais do que um homem indeciso. *(Toca. Entra Margarida.)*

É você, Margarida! Escute, minha amiga, o pavilhão está em condições de receber o doutor?

MARGARIDA

Está tudo pronto, senhor Capitão.

O CAPITÃO

Não vou retê-lo mais, doutor; o senhor deve estar cansado. Até logo, então; até amanhã, espero.

O MÉDICO
Até logo, Capitão. Até breve!

O CAPITÃO
Suponho que minha mulher já o tenha posto mais ou menos a par dos hábitos da casa, de modo que o senhor seja capaz de se orientar.

O MÉDICO
Sua senhora teve a gentileza de me dar as primeiras informações necessárias a um recém-chegado. Até logo, Capitão. *(Sai.)*

O CAPITÃO
Até logo, doutor!

Cena 7

O Capitão. Margarida.

O CAPITÃO
O que você quer, minha amiga?

MARGARIDA
Escute, seu Adolfo.

O CAPITÃO
De bom grado. Fale, minha velha, fale. Você é a única que eu consigo ouvir sem ficar irritado.

MARGARIDA
Escute, seu Adolfo. Será que o senhor não poderia fazer algumas concessões para se entender com a patroa sobre o modo de educação da menina? Imagine! uma mãe...

O CAPITÃO
Imagine! um pai! Margô...

MARGARIDA
Ora, ora! Um pai tem outras ocupações, outras preocupações; mas, para uma mãe, o filho é tudo.

O CAPITÃO
Você tem razão, minha velha! O pai tem outras preocupações e a mãe tem uma só. Quem carrega o fardo mais pesado?

MARGARIDA
Não foi isso o que eu quis dizer.

O CAPITÃO
Imagino que não foi mesmo, porque você não quer me dar razão.

MARGARIDA
Seu Adolfo, o senhor pode negar que eu lhe queira bem?

O CAPITÃO
Deus me livre! Mas nem sempre você entende o que é bom para mim. Não me basta ter formado o corpo de minha filha, quero formar também a alma dela.

MARGARIDA
Isso já ultrapassa a minha inteligência. Apesar disso, me parece que, entre marido e mulher, se poderia chegar a um acordo sobre esse ponto.

O CAPITÃO
Você não é mais minha amiga, Margarida.

MARGARIDA
Meu Deus! Ele não pensa no que diz. Como é que eu posso esquecer, seu Adolfo, que eu o amamentei e o embalei como se fosse meu próprio filho? Ah, seu Adolfo!

O CAPITÃO
Eu também não esqueci! Você substituiu minha mãe. Você me mimou; me amparou, você me disse: sim, quando os outros diziam não! Mas, neste momento, você está desertando, está se passando para o lado inimigo!

MARGARIDA
O inimigo?

O CAPITÃO
É!... Você sabe, do início ao fim, o que aconteceu neste casamento.

MARGARIDA
Sei! Sei bem! Mas é preciso que duas pessoas tão boas com todo mundo briguem assim até a morte? Nunca a patroa agiu assim comigo...

O CAPITÃO
É só comigo. – Se até você me abandonar, vai ser um desastre! Neste momento, estão armando um golpe baixo contra mim e este médico não passa de um patife e de um cúmplice.

MARGARIDA
Ah! Seu Adolfo! O senhor desconfia de tudo e de todos; é porque o senhor não tem a verdadeira fé.

O CAPITÃO
Mas você e os batistas descobriram a única e verdadeira fé.

MARGARIDA
Pode caçoar à vontade! Pelo menos não sou tão infeliz quanto o senhor. Prosternai-vos a fim de que Deus vos conceda a felicidade do amor ao próximo!

O CAPITÃO
Quando você começa a falar de Deus e do amor ao próximo, Margarida, sua voz se torna tão dura e seu olhar tão carregado de ódio que você demonstra claramente não ter nem caridade nem a verdadeira fé.

MARGARIDA
Ao orgulhoso e ao homem mau a ciência não basta na hora do perigo.

O CAPITÃO

Que tom mais desdenhoso para um coração humilde! Não, a ciência não tem poder sobre criaturas como você!

MARGARIDA

Eu teria vergonha! Apesar de tudo, a velha Margô não deixa de amar seu bebezão, que vai voltar para ela quando a tempestade desabar.

O CAPITÃO

Margô! O que você diz é a pura verdade. Só você me tem afeição e é quem vai me ajudar e me socorrer na hora da dificuldade e das provações que se anunciam... O que está acontecendo não é justo... Há uma ameaça pairando no ar. *(Grito de horror vindo de fora.)* O que é isso? Quem é que está gritando?

Cena 8

Os mesmos. Berta. (Pela porta da esquerda.)

BERTA
Socorro! Papai! Me salva!

O CAPITÃO
O que é que você tem, querida? Fale!

BERTA
Me protege! Ela quer me fazer mal!

O CAPITÃO
Ela quem?... Fale, minha filha!

BERTA
A vovó! Mas a culpa é minha, porque eu enganei ela.

O CAPITÃO
Faça o favor de me contar tudo, ouviu?

BERTA
Mas só se você não contar pra ela, eu te imploro!

O CAPITÃO
Pode abrir seu coração e me revelar por que está sofrendo!
(Margô sai.)

BERTA
Imagine que – lá dentro – ela tem mania de baixar a luz de

noite e depois, no escuro, me fazer sentar perto da mesa, com uma pena na mão, acima de uma folha de papel. E diz que os espíritos vão escrever.

O CAPITÃO
O quê? E você me escondeu isso!

BERTA
Desculpa, mas eu não tive coragem de falar porque a vovó garantiu que os espíritos se vingam quando a gente dá com a língua nos dentes. No fim, a pena funciona, mas eu não sei se sou eu mesma que escrevo! Às vezes o negócio vai bem e às vezes não sai nada. Quando eu já estou exausta, não me vem mais nada pra escrever, mas tem que vir algo, de qualquer jeito. Esta noite, eu achei que tinha escrito direitinho, mas a vovó percebeu que o que eu tinha escrito era de Lamartine[3] e que eu tinha enganado ela. Aí ficou com uma raiva danada. Ai!...

O CAPITÃO
Você acredita em espíritos?

BERTA
Não sei bem.

O CAPITÃO
Mas eu tenho certeza de que eles não existem.

BERTA
Mas a vovó me disse que você não entende nada disso e que, no entanto, faz coisas ainda mais fantásticas, que você pode até ver o que se passa nos outros planetas.

---

3 Alphonse de Lamartine (1790-1869), poeta romântico francês que se destacou também por sua atuação como político (1856-69). (N. da T.)

O CAPITÃO
É mesmo? Ela disse isso?... E o que mais?

BERTA
Ela disse... que você não tem o dom da magia.

O CAPITÃO
Magia! Certo, certo!... e que mais?

BERTA
Que há coisas que ela pode ver e que seu estado não permite que você perceba.

O CAPITÃO
Nisso ela mentiu, minha filha.

BERTA
A vovó não mente!

O CAPITÃO
Por que não?

BERTA
Então a mamãe também mente?

O CAPITÃO
Eu não disse isso.

BERTA
Mesmo que dissesse, eu não acreditaria.

O CAPITÃO
Eu não disse isso. Mas vamos mudar de assunto. – Berta! Você quer ir morar na cidade para estudar a sério?

BERTA
Na cidade... fora daqui... onde você quiser, desde que eu possa ver você sempre. Ah! Lá dentro é tão triste, tão sem gra-

ça, tão lúgubre como uma noite de inverno; mas quando você chega, pai, é um raio de luz que alegra, é como se abrissem as janelas, é como as manhãs de primavera.

O CAPITÃO
Você é minha filha querida!

BERTA
Papai! Você precisa ser bom para a mamãe. Ela está sempre tão aflita...

O CAPITÃO
Quer dizer então que você está disposta a ir para a cidade.

BERTA
Estou! Estou sim!...

O CAPITÃO
E se a sua mãe não quiser?

BERTA
Mas é preciso que ela deixe.

O CAPITÃO
Suponhamos que ela se oponha à sua partida.

BERTA
Então eu não vou saber o que fazer. – Mas ela tem que deixar, ela é obrigada a deixar.

O CAPITÃO
Você quer pedir a ela?

BERTA
Eu não. Pede você; ela nunca liga para o que eu quero.

O CAPITÃO
Mas se você quer, se é minha vontade e, mesmo assim, sua

mãe se opuser, como faremos?

Berta
 Ai, quanta briga! Será que vocês dois não poderiam...

Cena 9

Os mesmos. Laura, depois Margarida.

LAURA
Ora! Berta! Então vamos ouvir a opinião da menina, já que é o destino dela que está em jogo!

O CAPITÃO
Uma criança não tem como opinar de forma sensata sobre a educação de uma jovem; nós somos mais capazes de discernir o que convém num caso como este.

LAURA
Mas como temos opiniões divergentes a respeito, que a opinião dela prevaleça!

O CAPITÃO
Não permito que nem mulher nem filha usurpem meus direitos. Berta, saia! *(Berta hesita.)*

LAURA
Berta, fique mais um pouco! *(Berta continua hesitante.)*

O CAPITÃO
Saia, minha filha! *(Laura fixa o olhar em Berta, que fica como que hipnotizada.)*

LAURA
E então? Você quer ir para a cidade ou prefere ficar em casa?

BERTA
Eu não sei...

LAURA
Ouça, Berta: o seu desejo não conta; mas, mesmo assim, seria curioso conhecê-lo. Responda!

BERTA
Para falar a verdade... *(O Capitão pega Berta pelo braço e leva-a delicadamente até a porta da esquerda.)*

LAURA
Você ficou com medo de que ela concordasse comigo.

O CAPITÃO
Eu sei que ela tem vontade de deixar a casa paterna, mas sei também que você a influencia a seu bel-prazer.

LAURA
Será que eu tenho tanto poder assim?

O CAPITÃO
Você possui um talento maravilhoso para fazer prevalecer a sua vontade e não recua diante de nenhum obstáculo; foi assim que você agiu para afastar o doutor Procópio e substituí-lo por este médico que acabou de chegar.

LAURA
E como foi que eu consegui essa façanha?

O CAPITÃO
Você fez com que perseguissem o anterior até que ele fosse embora e em seguida obrigou o seu irmão a apoiar a candidatura do outro.

LAURA
Fácil, não? E então Berta vai embora?

O CAPITÃO
   Nos próximos quinze dias!

LAURA
   É sua última palavra?

O CAPITÃO
   É!

LAURA
   E Berta está a par desse projeto? Está de acordo?

O CAPITÃO
   Está.

LAURA
   Então vou ter que impedir.

O CAPITÃO
   Impossível!

LAURA
   Tem certeza? Você acha que uma mãe vai se resignar a ver sua filha no meio de gente perversa, que vai lhe ensinar que tudo o que ela aprendeu com a mãe não passa de um monte de besteiras?

O CAPITÃO
   E você acha que um pai está disposto a suportar que mulheres ignorantes e presunçosas digam à sua filha que o pai dela é um impostor?

LAURA
   Para o pai isso não tem grande importância.

O CAPITÃO
   Por quê?

LAURA
Porque os laços que ligam mãe e filho são mais indissolúveis, mais indiscutíveis, na medida em que se demonstrou ultimamente que, no fundo, ninguém pode provar a paternidade uma criança.

O CAPITÃO
Não compreendo em que isso se aplica ao nosso caso...

LAURA
Você sabe se é o pai de Berta?

O CAPITÃO
Desculpe! Como é que eu poderia não saber?

LAURA
O que ninguém sabe, você também não pode saber!

O CAPITÃO
Você está brincando.

LAURA
Claro que não! Eu estou apenas aplicando as suas próprias doutrinas. Além do mais, como você pode saber se eu sempre fui fiel?

O CAPITÃO
Como assim?

LAURA
Isso mesmo. Como?

O CAPITÃO
(Atordoado.)
Como?... Você jamais confessaria o próprio erro.

LAURA
Suponhamos que, para manter perto de mim e educar minha filha, eu me resignasse a ser escorraçada, desprezada; suponhamos que eu seja sincera declarando: Berta é minha filha, mas não sua!... Suponhamos...

O CAPITÃO
Chega!

LAURA
Nesse caso, seu poder seria nulo!

O CAPITÃO
Só depois de ter provado que eu não sou o pai dela.

LAURA
Muito fácil! Quer ver?

O CAPITÃO
Chega!

LAURA
Basta nomear o verdadeiro pai; precisar a época e o lugar... Vejamos! Berta nasceu três anos depois do nosso casamento.

O CAPITÃO
Vamos acabar com isso, senão...

LAURA
Senão o quê? – Está bem, vamos parar. Mas reflita bem sobre o seu duvidoso título de pai, e cuidado com o ridículo, que chega depressa em casos como este!

O CAPITÃO
Ridículo! Eu acho, ao contrário, que tudo isso está ficando trágico.

LAURA
O seu papel vai ser cômico.

O CAPITÃO
Eu fico com o papel cômico, enquanto você vai se esconder atrás da máscara da simpatia.

LAURA
Bem pensado, não é?

O CAPITÃO
É por isso que a luta com vocês é impossível.

LAURA
Por que você ataca um inimigo superior?

O CAPITÃO
Superior?

LAURA
Superior, sim. É estranho, mas nunca pude ver um homem sem me sentir superior a ele!

O CAPITÃO
Pois desta vez eu vou mostrar a você quem manda! E vai ser inesquecível!

LAURA
Vai ser uma novidade!

MARGARIDA
(Entrando.)
Madame, a mesa está servida!
(O Capitão continua sentado.)

LAURA
(Para o Capitão.)
A mesa está posta; você não vem?

O CAPITÃO
Não vou jantar, esta noite.

LAURA
Está aborrecido?

O CAPITÃO
Estou sem fome.

LAURA
Ora, venha! Senão vão comentar. *(Rindo.)* É isso o que você quer? Você é mesmo uma criança! *(Sai pela porta da esquerda.)*

Cena 10

O Capitão. Margarida.

Margarida
Seu Adolfo, o que foi que aconteceu?

O capitão
E eu sei?... Mas me explique como vocês, mulheres, podem tratar os homens sempre como crianças?

Margarida
Provavelmente porque vocês todos nasceram de mulheres.

O capitão
E homem nenhum pariu uma mulher; é isso. Mas, Margarida, no entanto, eu sou o pai de Berta, não sou? Você acredita mesmo?

Margarida
Meu Deus! E ele não seria o pai da filha dele!
Vamos jantar, meu caro senhor, e nada de manha. Vamos. Quem o impede?

O capitão

(Levanta, furioso.)

Fora, já! Vá pro diabo!... *(Na porta do vestíbulo.)* Ordenança!

O ordenança
Às suas ordens, Capitão!

O capitão
Mande atrelar o trenó pequeno! Imediatamente!

Margarida
Mas, senhor! Por favor...

O capitão
Bruxa velha! Fora!... *(Põe o capote e o gorro.)*

Margarida
Pelo amor de Jesus, o que ele vai fazer?

O capitão
Não me esperem antes da meia-noite. *(Sai.)*

Margarida
Jesus amado! O que vai acontecer?

Segundo Ato

Segundo Ato

Mesmo cenário. O lampião está aceso.

Noite. Algumas horas depois do primeiro ato.

Cena 1

Laura. O Médico.

O MÉDICO
Levando em conta minha conversa com o Capitão, a coisa não me parece absolutamente provada. Primeiro, a senhora cometeu um erro ao dizer que ele tinha obtido esses resultados maravilhosos com a ajuda de um microscópio que, segundo a senhora, substituía um telescópio. Trata-se de um espectroscópio; a partir daí não só o diagnóstico de demência perde todo o sentido, como se pode dizer que o Capitão prestou relevantes serviços à ciência.

LAURA
Mas eu nunca disse isso!

O MÉDICO
Perdão. As anotações que fiz depois da nossa conversa não me deixam dúvidas: fiz a senhora repetir duas vezes sua alegação principal, por medo de não ter compreendido bem. Ora, é preciso ser escrupuloso quando se trata de rebaixar um homem ao estado ou à condição de minoridade das crianças.

LAURA

(Com curiosidade.)
Às condições de minoridade?

O MÉDICO
Então a senhora não sabe que uma pessoa notoriamente acometida de alienação mental fica privada de todos os seus direitos civis, quer dizer, fica interditada?

LAURA
Não, não fazia idéia.

O MÉDICO
Além disso, há mais um ponto que me parece suspeito. O Capitão deu a entender que as cartas dele para os livreiros ficaram sem resposta. Permita-me uma pergunta: será que a senhora, por excesso de zelo, não teria interceptado essa correspondência?

LAURA
Interceptei sim. Era meu dever: a família estava à beira da ruína por causa das enormes despesas do Capitão com livros.

O MÉDICO
Desculpe, mas acho que a senhora não avaliou as conseqüências do que fez. Se ele vier a descobrir que as cartas foram interceptadas, sua desconfiança vai aumentar infinitamente. Além do mais, colocando um obstáculo a seu livre-arbítrio, a senhora estraçalhou a alma dele.

LAURA
Ah!

O MÉDICO
A senhora não conhece a dor, as angústias da alma que vê contrariadas suas mais caras aspirações.

LAURA
Eu também já senti essas angústias!

O MÉDICO
Pois então a senhora pode avaliar o sofrimento dele.

LAURA
(Levantando.)
Meia-noite!... e ele ainda não voltou! Podemos esperar o pior.

O MÉDICO
Conte-me, por favor, o que aconteceu esta noite, depois que saí. Preciso saber de tudo!

LAURA
Ele foi tomado pelas mais estranhas fantasias! Chegou a pensar que a menina não é filha dele!

O MÉDICO
(Sublinhando as palavras.)
É realmente estranho!... Mas o que foi que provocou nele essas idéias?

LAURA
Impossível dizer; só se foi por causa de uma conversa que ele teve aqui com um soldado a respeito da paternidade. Como eu tomei a defesa da pobre moça acusada, ele se exaltou, declarando que ninguém pode saber quem é realmente o pai de uma criança. Deus é testemunha de que fiz o possível para acalmá-lo! Mas eu já esgotei todos os meus recursos! *(Soluça.)*

O MÉDICO
Que falta de sorte essa história do soldado irromper no meio das idéias dele! Mas antes deste último período, ele já era obcecado pelas mesmas idéias tolas?

LAURA
Faz seis anos aconteceu a mesma coisa e foi preciso consultar um médico por causa do estado de saúde dele.

O MÉDICO
Está explicado! É um caso que tem raízes profundas e a inviolabilidade dos segredos da família e todo o resto me impedem de fazer outras perguntas. Só posso me ater ao presente. O que passou, passou, no entanto a medicação deveria ter sido prescrita já naquela época. – Onde a senhora acha que ele está neste momento?

LAURA
Como é que eu posso saber? Ele tem cada cisma...

O MÉDICO
A senhora gostaria que eu esperasse por ele? – Para não despertar suspeitas, eu poderia usar o pretexto de uma visita à senhora Pousette.

LAURA
Ótimo... Fique aqui, doutor! Estou muito, muito aflita.... Não seria melhor o senhor dizer a ele o que acha do estado em que ele se encontra?

O MÉDICO
Nunca se diz esse tipo de coisa a um doente, a menos que ele mesmo se abra. Entretanto, isso vai depender do rumo que a coisa tomar. De todo modo, não devo ficar aqui. Vou para a sala ao lado, para que não descubram a nossa combinação.

LAURA
Perfeito! Vou dizer à Margarida para ficar aqui. Só ela tem alguma influência sobre ele. *(Indo até a porta da esquerda.)* Margarida!

MARGARIDA
　Senhora!

LAURA
　Fique aqui esperando o Capitão voltar; quando ele chegar, diga que minha mãe está indisposta e que o médico veio vê-la.

MARGARIDA
　Está bem; vou fazer como a senhora mandou.

LAURA
　(Ao Médico, mostrando a porta da esquerda.)
　Tenha a bondade de entrar, por aqui...

O MÉDICO
　Minha senhora! *(Saem pela esquerda.)*

Cena 2

Margarida

(Sentada perto da mesa, tira do bolso um breviário e um par de óculos. Lê o livro um pouco ao acaso.)

"E tudo o que se faz, de bom e de mau
Deus porá em julgamento."
É bom isto: "em julgamento".
"O Senhor dos céus e da terra não habita templos construídos pela mão dos homens."
Sim! – "a mão dos homens"... É isso!

Berta

(Entrando pela porta do fundo com um bordado na mão.)

Margarida, posso ficar aqui com você? Está tão triste lá em cima, no meu quarto, desde que a preceptora entrou de férias!

Margarida
Ah, meu Deus! Você ainda está acordada, Berta?!

Berta
Preciso acabar de fazer o presente para o meu pai.

Margarida
Mas isso não é possível. Já passa da meia-noite...

Berta
Por isso mesmo é que não tenho coragem de ficar sozinha lá

em cima. Imagine, Margarida, o sótão está cheio de fantasmas.

MARGARIDA
Está vendo? Margarida não mentiu. Mas o que foi que você viu?

BERTA
Não vi nada, mas ouvi cantarem no sótão, no quartinho onde está o berço.

MARGARIDA
Cantar? A esta hora? Valha-nos Deus! E com um tempo desses: a neve está caindo em flocos tão grossos, é de derrubar as chaminés! – Deus nos conceda um bom Natal!

BERTA
É verdade, Margarida, que meu pai está doente?

MARGARIDA
Infelizmente é, minha filha.

BERTA
Então não vamos poder comemorar o Natal! Mas como é que ele está doente e não está de cama?

MARGARIDA
É que a doença dele é assim. Psiu! Tem alguém no vestíbulo. Vai, vai deitar, menina!

BERTA
Boa noite, Margarida, durma bem! *(Sai pela esquerda.)*

Cena 3

Margarida. O Capitão (Entrando todo coberto de neve.)

O CAPITÃO
Você ainda não está na cama! Vá se deitar!

MARGARIDA
Seu Adolfo!

O CAPITÃO
(Acende uma vela, senta à escrivaninha e tira do bolso cartas que vai começar a ler.)

MARGARIDA
Seu Adolfo!

O CAPITÃO
O que é?

MARGARIDA
Madame Pousette está doente e o médico está aí.

O CAPITÃO
É grave?

MARGARIDA
Ela se resfriou, mas não é grave!

O CAPITÃO

(Levantando-se.)

Quem era o pai do seu filho, Margarida?

MARGARIDA
Quantas vezes eu já lhe disse que era o coitado do André?

O CAPITÃO
Você tem certeza de que era mesmo ele?

MARGARIDA
Claro! Pois se ele era o único.

O CAPITÃO
Mas ele tinha certeza de ser o único? Não, ele não podia ter certeza, mas você, você podia. Veja bem a diferença.

MARGARIDA
Não vejo diferença nenhuma.

O CAPITÃO
Você pode não ver, mas ela existe mesmo assim. *(Folheia um álbum de fotografias.)* Você acha que Berta se parece comigo?

MARGARIDA
Mas é o seu retrato!

O CAPITÃO
Esse André confessou a paternidade?

MARGARIDA
Ele foi obrigado.

O CAPITÃO
Obrigado! Que idéia monstruosa! – O doutor!

Cena 4

Os mesmos. O Médico.

O CAPITÃO
Boa noite, doutor! Como vai minha sogra?

O MÉDICO
Não foi nada! Uma luxação no joelho.

O CAPITÃO
Margarida acabou de me falar de um resfriado. Parece que há divergências a respeito das doenças. Vá se deitar, Margarida! *(Margarida sai pela esquerda.)*
(Pausa.)
Sente-se, doutor.

O MÉDICO
Obrigado.

O CAPITÃO
É verdade que se obtêm potros listrados cruzando uma zebra e um cavalo?

O MÉDICO
(Surpreso.)
É verdade, sim.

O CAPITÃO
Também é verdade que os potros seguintes serão igualmente listrados se se continuar as cruzas utilizando um garanhão?

O MÉDICO
Também é verdade.

O CAPITÃO
Um garanhão pode, então, ser pai de potros listrados.

O MÉDICO
Claro, sem dúvida.

O CAPITÃO
O que quer dizer que a semelhança do rebento com o pai nada prova.

O MÉDICO
Oh!...

O CAPITÃO
Portanto, a paternidade não pode ser demonstrada.

O MÉDICO
Oh!

O CAPITÃO
O senhor é viúvo e tem filhos.

O MÉDICO
Tenho! Capitão...

O CAPITÃO
O senhor não se sentia às vezes ridículo no seu papel de pai? Não conheço nada mais cômico do que ver na rua um pai acompanhado de seus filhos ou um pai falando com os filhos. – Os filhos da minha mulher, é o que ele deveria dizer. O se-

nhor nunca sentiu o lado frágil da sua posição de pai? Nunca foi assaltado por dúvidas? Não quero usar o termo "suspeita", supondo, como um cavalheiro, que sua mulher estivesse acima de qualquer suspeita.

O MÉDICO
Nunca, senhor Capitão e, acredite, as crianças são uma questão de confiança, como disse Goethe, se não me engano.

O CAPITÃO
Confiança em relação a uma mulher? Muito arriscado, doutor.

O MÉDICO
Ah, meu senhor, há mulheres e mulheres.

O CAPITÃO
Não, doutor! Um único gênero e três espécies. Quando eu era moço, tinha tempo para estudar esse tipo de coisa. Ora, a propósito, estou me lembrando de uma história que corrobora a minha tese. Eu estava viajando num barco a vapor; à noite, meus amigos e eu estávamos sentados à mesa do jantar quando a jovem encarregada do restaurante veio toda chorosa se sentar à minha frente. Ela nos contou a morte do noivo, naufragado junto com seu navio. Depois de me solidarizar com a dor dela, dando-lhe os pêsames, encomendei champanhe. No primeiro copo, toquei no pé dela; depois do segundo, foi o joelho e, antes do raiar do sol, eu já tinha consolado a moça.

O MÉDICO
Não se pode generalizar!

O CAPITÃO
Pois então ouça uma outra experiência, essa mais conclusiva. Eu estava num balneário onde também estava uma jovem se-

nhora com os filhos; o marido tinha ficado na cidade por causa do trabalho. Aquela mulher, muito religiosa, ostentando princípios de eremita, não se cansava de me dar lições de moral; honesta, fiel, de uma feiúra sem nenhum charme, só me inspirava repulsa; eu a evitava, fugia mesmo dela. Mas ela, a pretexto de pegar uns livros emprestados comigo, me perseguia sem parar. Finalmente, vou-me embora. Duas semanas depois, encontro dentro de um dos livros emprestados uma declaração, muito tímida, é verdade, mas uma declaração sem nenhum pudor, dirigida a mim, que nunca tinha feito sobre ela nenhuma investida.

O MÉDICO
Uma intrigante, muito vulgar.

O CAPITÃO
Não, não e não! Ela era sincera na religião; sincera na honestidade; sincera na infidelidade! A prova é que contou tudo ao marido. Aí está o perigo, a malícia inconsciente, a hipocrisia instintiva. Assim é o gênero feminino!

O MÉDICO
Meu senhor! Suas idéias insistem em assumir uma feição doentia.

O CAPITÃO
O senhor não deve usar a palavra "doentia", doutor! Todas as caldeiras explodem quando o manômetro marca cem graus, mas os cem graus não são os mesmos para todas as caldeiras. O senhor compreende? Em resumo, o senhor está aqui para me tratar. Muito bem! Se eu não fosse um homem, teria o direito de acusar, isto é, de me queixar, e seria fácil fornecer-lhe o diagnóstico e a causa da minha doença, mas, infelizmente, eu sou um homem e só me resta cruzar os braços e contemplar a minha própria morte. Boa noite!

O MÉDICO
Se o senhor está doente, sua dignidade de homem não será arranhada pelas revelações que me fizer... Eu devo ouvir também a outra parte.

O CAPITÃO
A confissão de uma já lhe bastou, suponho.

O MÉDICO
Não! E, no caso de o senhor sucumbir, seria muito importante saber a seu respeito mais do que o senhor quer me dizer.

O CAPITÃO
Moriturus te saluto![4] Boa noite, doutor!

O MÉDICO
Então, boa noite!

O CAPITÃO
Somos inimigos?

O MÉDICO
De forma alguma! É pena que nosso sexo nos proíba de sermos amigos durante a vida!

O CAPITÃO
E depois também! Os mortos se calam e, se o senhor ressuscitasse todos os maridos enganados, nenhum deles pronunciaria a palavra que sela sua desonra!... Boa noite.

O MÉDICO
Boa noite. *(Sai pela porta do fundo.)*

---

4 Em latim, no original: "Aquele que vai morrer te saúda!". Com essa expressão, os gladiadores saudavam o imperador, antes de entrarem em combate. Ver RÓNAI, Paulo. *Não perca o seu latim*. Rio de Janeiro: Nova Fronteira, 1980, p. 31. (N. da T.)

Cena 5

O Capitão. Laura.

O CAPITÃO

(Abrindo a porta da esquerda.)

Entre! Você me deve uma explicação. Eu sabia que você estava escutando atrás da porta. *(Laura, confusa. O Capitão se senta à escrivaninha.)* Já é tarde! Mas precisamos ter uma conversa. Sente-se! *(Depois de uma pausa breve.)* Estou chegando do correio, onde fiquei sabendo que você interceptou minhas cartas. A conseqüência do que você fez se traduz, para mim, em uma perda de tempo considerável e em sérios obstáculos ao meu trabalho.

LAURA

Minhas intenções eram as melhores, uma vez que você estava negligenciando o seu serviço para se ocupar com outras coisas.

O CAPITÃO

Sou levado a crer que você agiu assim por pura maldade, na medida em que tinha quase certeza de que minhas pesquisas me renderiam muito mais que meu serviço. Mas o que você quis foi, sobretudo, impedir meu sucesso, que a ofuscaria ainda mais. – Além disso, peguei umas cartas endereçadas a você.

LAURA
    Canalha!

O CAPITÃO
    Você tem de mim, sabe?, uma opinião muito lisonjeira! De todo modo, essas cartas comprovam que você colocou contra mim todos os meus amigos, espalhando e alimentando boatos sobre o meu estado mental. E conseguiu o que queria, visto que não há ninguém, do comandante do regimento à cozinheira, que não me considere louco! Preste bem atenção: minha inteligência ainda está intacta, mas você conseguiu despertar tais desconfianças em mim que minhas idéias começam a ficar perturbadas, o que é um indício de loucura iminente. Agora – invoco o seu egoísmo, visto que você é totalmente desprovida de bons sentimentos – você tem mais interesse em me ver com saúde ou privado da atividade vital? Pense um momento! Se eu cair doente, vocês estão mal arranjadas! Se eu morrer, vocês ficam com a minha aposentadoria; mas, se eu me matar, vocês vão ficar sem nada.

LAURA
    Uma armadilha com três nós! Você fala de suicídio, mas não pensa realmente nisso.

O CAPITÃO
    Quem sabe? Um homem sem objetivo, sem ambição, deixa de existir.

LAURA
    Então você se rende?

O CAPITÃO
    Eu proponho um armistício!

LAURA
O que dá no mesmo! – E quais são as suas condições?

O CAPITÃO
Que você me devolva a razão! Livre-me das minhas desconfianças e eu renuncio à luta.

LAURA
Que desconfianças?

O CAPITÃO
Relativas ao nascimento de Berta.

LAURA
Há dúvidas sobre esse ponto?

O CAPITÃO
No que me diz respeito, há. E foi você quem as despertou.

LAURA
Eu!

O CAPITÃO
Você as instilou como um extrato venenoso,[5] gota a gota, em meus ouvidos e o acaso as fez crescer. Livre-me da dúvida e diga-me com franqueza: – *Aconteceu,* e eu perdôo você antecipadamente.

LAURA
Como é que eu poderia reconhecer um erro que não cometi?

O CAPITÃO
Que diferença faz, já que você tem certeza de que nada vai ser revelado? Que homem quer tornar pública a sua desonra?

---

5 No original: *comme l'extrait de jusquiame*, isto é: como o extrato de meimendro. As flores e as folhas do meimendro-negro contêm um alcalóide venenoso. (N. da T.)

LAURA

Suponhamos que eu diga: – *Não, não aconteceu nada!* Você não vai se convencer! – Mas se eu disser que sim, você vai ficar convencido! Então você quer que tenha acontecido!

O CAPITÃO

Sim e não!

LAURA

Desconfio que você gostaria que eu fosse culpada para me expulsar daqui e ficar com a menina. Mas não é por aí que você vai me pegar!

O CAPITÃO

Você acha que eu ia me encarregar de uma criança que não é minha?

LAURA

Estou convencida do contrário! Peguei você na sua própria armadilha!

O CAPITÃO

Você não entende! Ah, que suplício! Minhas idéias se embaralham! O que é que você quer? O poder a qualquer preço?

LAURA

É! O poder! O que alimentou esta guerra de morte?

O CAPITÃO

Para mim, a menina era o meu futuro, a minha eternidade! Sem ela, minha vida sofre uma suspensão.

LAURA

Por que não nos separamos a tempo?

O CAPITÃO

Entre nós, a criança era um elo, que logo se tornou uma cadeia. Ninguém pensa muito sobre esse tipo de amarra. Mas, neste momento, minhas lembranças surgem nítidas e acusadoras. – Depois de dois anos de casamento, ainda não tínhamos filhos; você deve saber a razão. Eu caio muito doente. Durante minha agonia, me chamam a atenção sons de vozes que chegam até o meu quarto. Era o tabelião conversando com você a respeito do meu legado, e eu ainda vivo. – Ele perguntava se você estava grávida, explicando que, sem filhos, você não teria direito a nada. Não ouvi o que você respondeu. Fiquei bom e tivemos uma filha. Quem é o pai?

LAURA
Você!

O CAPITÃO
Não! Aqui se esconde um crime cujo cadáver começa a feder! E que crime! Vocês libertaram os escravos negros, mas não os brancos! Trabalhei como um escravo para você, seus filhos *[sic]*, sua mãe, seus empregados. Arruinei minha carreira, minha ascensão; suportei a tortura das algemas, os suplícios, as insônias, a tal ponto que meus cabelos ficaram brancos e tudo isto para que você tivesse o prazer de viver sem preocupações e, ao envelhecer, se visse reviver em sua filha. Sofri tudo sem me queixar, convencido de que era minha filha! Que baixeza este roubo! Dezessete anos de trabalhos forçados impostos a um inocente; o que você me dá em troca de tantos suplícios?

LAURA
Agora você está louco!

O CAPITÃO
Esta é a sua esperança!... Quanto esforço para dissimular seu crime! Você quis me atormentar até a morte para se li-

vrar de uma testemunha incômoda. Tive pena de você porque não compreendia a causa de seu sofrimento; protegi os seus remorsos procurando enxotar suas idéias despropositadas; escutei você gritar durante o sono, sem querer ouvir. Uma noite, faz pouco tempo – no aniversário de Berta –, entre duas e três horas da manhã, eu estava mergulhado nas minhas leituras quando, de repente, você gritou, com uma voz estrangulada, como alguém que se afoga: "Fora daqui! Saia já, senão eu conto tudo!"... Eu bati na parede porque não queria confissão nenhuma, preferindo uma felicidade imaginária baseada na mentira à verdade que mata. – O que é que você me dá em troca dessas torturas indizíveis?

Laura
O que é que eu posso fazer? Você quer que eu jure solenemente que você é o pai de Berta?

O capitão
De que serve um juramento, se você disse que a mãe é capaz até de jurar em falso para manter consigo o filho? Eu suplico, como o ferido de morte que implora o golpe de misericórdia: diga o que você tem a dizer! confesse!... Não vê o meu abatimento? Não ouve as minhas queixas, como as de uma criança diante da própria mãe?... Você não pode esquecer por um momento que eu sou um homem, um soldado, de cuja dor se compadeceriam os homens e os animais?... Só lhe peço a compaixão que você teria por um doente! Deponho a seus pés as insígnias do meu poder, implorando misericórdia!

Laura
(Com a mão sobre a cabeça do Capitão, que está ajoelhado.)
O quê? Você está chorando? homem!

O CAPITÃO
   Estou! Estou chorando!... Por que não? Um homem não tem um corpo, não tem sentidos, sentimentos, paixões? Não come a mesma comida, não é ferido pelas mesmas armas, não está submetido às mesmas oscilações de temperatura que a mulher? Se vocês nos perfuram, nós sangramos; se nos acariciam, sorrimos; se nos envenenam, morremos. Por que um homem não choraria como Aquiles chorava sua Briseida?[6] – Por que chorar é indigno de um homem?

LAURA
   Chore, meu filho! Chore como antigamente! Você se lembra do dia em que entrei na sua vida, assumindo para você o papel de mãe? Seu corpo de gigante não tinha nervos, como o de uma criança indesejada ou que nasceu antes do tempo!

O CAPITÃO
   Você disse a verdade! Meu pai e minha mãe não me *quiseram*, por isso nasci sem vontade. O germe vingou privado de alimento; a raça fez esforços incompletos para se apagar. Foi então que eu me enxertei em seu tronco vigoroso, Laura, para produzir novos galhos. Eu, que comando soldados, me tornei sua dócil criança e, confundindo nossas inteligências, habituei-me a considerar você um ser superior.

LAURA
   Sim! E eu a amar você por esta razão, como meu filho! Ora, quando seus sentimentos mudavam de natureza, e quando você se mostrava como amante, eu tinha vergonha de suas carícias, vergonha como a mãe acariciada por seu filho! A mãe que se torna amante do próprio filho! Oh! O incesto!

---

6 A cólera de Aquiles, relatada por Homero no primeiro livro de *A Ilíada*, deveu-se ao fato de a jovem Briseida, recebida pelo herói como botim de guerra, ter-lhe sido confiscada por Agamêmnon, chefe dos gregos. (N. da T.)

O CAPITÃO
Eu percebi sem compreender com clareza! E vendo seu desprezo pela minha covardia, tentei conquistar sua afeição por minha virilidade.

LAURA
Esse foi o seu erro. Como mãe, eu era sua amiga; como mulher, sua inimiga. O amor é uma luta, e não pense que eu me entreguei; eu me *apoderei* do que eu queria.

O CAPITÃO
Você é que mandava. Você sabia, por assim dizer, me hipnotizar, a tal ponto que eu não era mais dono de mim. Você teria podido me fazer acreditar que uma batata era um pêssego e sabia me fazer aplaudir suas asneiras como traços de gênio. Você teria podido enfim me induzir a cometer baixezas e me levar até o crime. Quebrado o encanto, tomei consciência de minha degradação, e uma gana de revolta, de reabilitação se apoderou de mim. Vislumbrei um projeto glorioso, uma descoberta científica com a qual pretendia me reerguer aos olhos do mundo, que, afinal, ria de mim. Foi então que passei a me dedicar à ciência. E, no momento em que estendo a mão para colher o fruto do meu trabalho, você me corta o braço! Sem honra, não posso mais viver! A existência me revolta o coração; estou acabado!

LAURA
E a culpa é de quem?

O CAPITÃO
De ninguém. É nisso que dá o chamado "casamento moderno". Antigamente, o homem desposava uma esposa, sem adjetivos, sem epítetos; hoje em dia escolhe uma amiga, uma companheira, uma mãe! São casamentos racionais que ma-

tam o amor; não se é mais marido e mulher; somos acionistas de uma empresa social e eis que os sócios vão dormir juntos! Que coisa! Mas é contra a natureza contrair casamento com os amigos!

LAURA
Estou com sono! Vou ter que ouvir mais discursos?

O CAPITÃO
Só mais uma palavra!... Você me odeia?

LAURA
Às vezes! Quando você quer se impor como homem.

O CAPITÃO
Mas isso é o ódio contra a raça! Se descendemos do macaco, têm que ter existido, no mínimo, duas espécies primitivas, visto que nós não nos parecemos em nada.

LAURA
Com eles, você quer dizer?

O CAPITÃO
Nessa luta, um de nós dois vai sucumbir!

LAURA
Qual dos dois?

O CAPITÃO
O mais fraco!

LAURA
E o mais forte estará com a razão?

O CAPITÃO
Sempre, porque ele tem o poder de proclamar o direito.

LAURA
Então eu tenho razão!

O CAPITÃO
O poder então está nas suas mãos?

LAURA
E o mais legítimo, já que amanhã vou declarar você incapaz e nomear um curador.

O CAPITÃO
Um curador?

LAURA
É. E depois vou educar minha filha do meu jeito, sem ser obrigada a seguir os seus delírios.

O CAPITÃO
E quem vai arcar com os custos dessa educação?

LAURA
Sua pensão! Já me informei de tudo.

O CAPITÃO
E com que direito você quer me interditar?

LAURA
Baseada nesta carta na qual você se declara mentalmente incapaz.

O CAPITÃO
(Estupefato.)

LAURA
Pronto! Você já cumpriu com o seu destino de macho e de provedor, indispensável, infelizmente! Agora não preciso mais de você; vá para onde quiser, já que não quis admitir que mi-

nha inteligência é tão grande quanto minha força. *(Sai pela porta da esquerda, andando de costas.)*

(O Capitão pega o lampião e joga na cara de Laura, que desaparece à esquerda.)

Terceiro Ato

Mesmos cenários. (Exceto o lampião, que é outro.)

Cena 1

Laura. Margarida.

LAURA
Você recebeu as chaves?

MARGARIDA
Recebi? Não, senhora! Eu peguei nos bolsos do patrão quando Pedro levou a roupa para escovar.

LAURA
Então é o Pedro que está de serviço?

MARGARIDA
Sim, senhora!

LAURA
Me dá as chaves!

MARGARIDA
Isso é o mesmo que roubar! A senhora está ouvindo os passos lá em cima, de um lado para o outro?

LAURA
A porta está bem fechada?

MARGARIDA
Com chave, ferrolho, pregos e mais o Pedro, que está montando guarda do lado de fora.

LAURA
(Abrindo a escrivaninha e sentando.)
Controle suas emoções, Margarida: neste momento precisamos de muita calma para nos salvarmos todos. *(Batem.)*

LAURA
(Num sobressalto.)
Quem é?

MARGARIDA
(Abrindo a porta do fundo.)
É o Pedro.

LAURA
Manda entrar.

PEDRO
(Entrando.)
Mensagem do coronel!

LAURA
Me dá. *(Lê.)* Está bem! – Pedro, você tirou todos os cartuchos dos fuzis?

PEDRO
Às suas ordens, madame!

LAURA
Espere aí fora até que eu acabe minha resposta para o coronel. *(Pedro sai. Laura escreve.)*

MARGARIDA
Escute! O que é que ele está fazendo agora lá em cima?

LAURA
Cala a boca enquanto eu escrevo. *(Ouve-se um barulho de serrote.)*

MARGARIDA
(À parte.)

Valha-nos Deus! Como é que tudo isso vai acabar?

LAURA
(Dando a carta a Margarida.)

Aqui está! Entregue ao Pedro. Minha mãe não pode saber de nada dessas histórias, ouviu?

MARGARIDA
Sim, senhora.

LAURA
(Abrindo as gavetas da escrivaninha.)

Cena 2

Laura. O Pastor. (Que se senta perto dela.)

O PASTOR
Bom dia, minha irmã. Estive fora o dia todo e, quando cheguei, soube do que aconteceu aqui.

LAURA
Ah, meu irmão! Que noite eu passei!

O PASTOR
Mas está sã e salva.

LAURA
Graças a Deus! Imagine o que poderia ter acontecido!

O PASTOR
Conte exatamente como tudo se passou, porque cada um diz uma coisa.

LAURA
Ele começou com divagações intermináveis sobre seu título e seu estatuto de pai e acabou jogando o lampião na minha cara.

O PASTOR
Que monstruosidade! Mas isso é loucura completa! E o que vamos fazer?

LAURA
Primeiro é preciso encontrar meios para impedir outros atos

de violência; por isso o médico foi providenciar uma camisa-de-força. Nesse meio-tempo, pus o coronel a par da situação e, enquanto espero a resposta dele, estou estudando a questão das finanças da casa, totalmente negligenciadas até agora.

O PASTOR
Isso não me surpreende nem um pouco! Tudo o que esquenta demais um dia explode! O que é isso?

LAURA
(Revirando uma gaveta.)
Que mania de guardar tudo!

O PASTOR
Ah! sua boneca!... sua touquinha de batizado!... o chocalho de Berta! suas cartas e o amuleto... Como ele amou você! Não acha? Eu nunca guardei esse tipo de ninharia!

LAURA
Antigamente, com certeza. Mas os tempos mudaram!

O PASTOR
E isto?... A escritura do jazigo da família! É, melhor o túmulo do que o hospício! Laura!, diga com franqueza, você não tem culpa nenhuma neste caso?

LAURA
Eu!

O PASTOR
Muito pouca, sem dúvida, muito pouca!

LAURA
Aonde é que você está querendo chegar?

O PASTOR
Basta! Não sou um delator, e, no fim das contas, cunhado não é parente! E você não está nem um pouco aborrecida com o que está acontecendo, quer dizer, tendo em vista Berta!

LAURA
Não sei como você tem coragem de...

O PASTOR
E eis que eu me torno curador do Capitão... do livre-pensador! E você viúva! E tutora de Berta!

LAURA
Que mau gosto brincar assim com os sofrimentos da família!

O PASTOR
Como você é forte, minha irmã!

LAURA
Cala a boca, imbecil!

O PASTOR
Você é astuta o suficiente, minha irmã? Um assassinatozinho, nos conformes, sem uma gota de sangue, sem uma pista do assassino!...

LAURA
Tente me acusar!

O PASTOR
Como homem, seria um prazer vê-la no cadafalso! Como irmão e como sacerdote... meus parabéns! – Você está ouvindo como ele sabe manejar o serrote? Parece... cuidado, Laura, porque, se o homem escapar...

LAURA

(Levantando assustada.)

O quê?

O PASTOR

Ele vai te serrar entre duas tábuas!

LAURA

(Indo em direção ao fundo.)

Descarregados!... todos descarregados!... João!... Façam... Não! Não! Oh, até que enfim o doutor!

Cena 3

Os mesmos. O Médico.

LAURA

(Indo ao encontro do doutor.)
Boa noite, caro doutor!... O senhor agora se convenceu?

O MÉDICO
Minha senhora, estou convencido de que um atentado foi cometido; resta saber se o Capitão deve ser considerado culpado por um ato de simples violência ou se foi acometido por um acesso de loucura. Compete à senhora decidir.

LAURA
Não sei o que responder nem o que decidir neste momento.

O PASTOR
Abstraindo-se o ato em si...

O MÉDICO
Nada de abstração, senhor Pastor! A realidade brutal se impõe...

O PASTOR
É preciso confessar que ele estava com umas idéias fixas...

O MÉDICO
Não mais fixas do que as suas... mas, e então, minha senhora, o que deseja: que o Capitão seja condenado à prisão co-

mum ou ao encarceramento como alienado mental? Pense no interesse da família como um todo.

LAURA

(Pensativa.)

Se ele for condenado a uma multa, poderá recomeçar com os atos de violência.

O MÉDICO

E se for simplesmente condenado à prisão temporária, poderá em seguida se vingar. Portanto, que o conselho de família decida.

Laura e o Pastor (Deliberam em voz baixa.)

(Pausa.)

O PASTOR

Em nome de Deus, que seja feita justiça!

LAURA

Um momento, doutor! O senhor ainda não se pronunciou sobre o... doente.

O MÉDICO

Chamado a dar o meu parecer, tendo a ver nele um doente e não um culpado. Louco ou não, a prudência aconselha que o... doente seja impedido de renovar seus... atentados. Onde está a babá?

LAURA

O que o senhor quer, doutor?

O MÉDICO

Que a babá vista a camisa-de-força no doente, depois que eu tiver falado com ela e dado o sinal. Trouxe o aparato... *(Sai pela porta do fundo e volta com um pacote grande.)* Chamem a babá.

LAURA

(Toca para chamar Margarida.)

O PASTOR

"Como é terrível cair entre as mãos do Deus vivo."

(Entra Margarida.)

O MÉDICO

(Mostrando a camisa-de-força.)

Está aqui. *(Movimento geral.)* Escute bem, minha filha! A senhora é quem vai vestir isto no Capitão, no momento em que eu julgar necessário. Como a senhora vê, as mangas são longas o bastante para serem amarradas nas costas: elas impedem os movimentos bruscos. Estas duas correias com fivelas, a senhora vai prender no espaldar de uma poltrona ou no divã. Compreendeu?

MARGARIDA

Compreendi! Mas não posso, doutor, não posso!

LAURA

Por que o senhor mesmo não se encarrega disso, doutor?

O MÉDICO

Porque ele desconfia de mim. A senhora seria a pessoa mais indicada para a tarefa, mas acho que ele desconfia da senhora também.

LAURA

(Contrariada.)

Talvez o senhor Pastor...

O PASTOR

Eu não, obrigado...

Cena 4

Os mesmos. Pedro.

Laura
　Entregou a encomenda?

Pedro
　Entreguei, madame.

O médico
　Você, Pedro, vai nos servir. Você é de casa e sabe que o Capitão ficou louco. É preciso que nos ajude numa operação indispensável.

Pedro
　Às suas ordens, doutor.

O médico
　Você vai colocar esta camisa-de-força...

Margarida
　Não, ele não! Pedro vai machucá-lo. Deixe que eu mesma faço, com delicadeza! Neste meio-tempo, Pedro pode ficar atrás da porta para me socorrer, se houver necessidade. *(Batem à porta da direita.)*

O médico
　É ele! Esconda a camisa-de-força embaixo deste xale! Saiam todos; só o Pastor e eu ficaremos aqui. Rápido. A porta não vai

resistir nem dois minutos. Depressa!

Margarida
   "Ninguém se perderá se não for filho da perdição."

Laura (Fecha a escrivaninha e sai pela esquerda, enquanto Pedro sai pela porta do fundo.)

Cena 5

(A porta oculta à direita se abre bruscamente: a fechadura foi arrombada e a cadeira que estava atrás da porta é lançada para o meio da sala.)

O Pastor. O Médico. O Capitão.

O CAPITÃO

(Com uma pilha de livros debaixo do braço, o serrote na mão, em mangas de camisa, os cabelos desgrenhados e o ar feroz.)

Vejam! Está tudo aqui! Portanto, eu não sou louco! *Odisséia*, primeiro canto, verso 215: (Telêmaco fala com Minerva). "Minha mãe ao menos afirma que Ulisses é meu pai, mas eu mesmo não sei, visto que ninguém conhece a própria origem."[7] E dizer que Telêmaco levanta suspeitas a respeito de Penélope, a mais virtuosa das mulheres. É bonito isso! Não é?

E aqui Ezequiel? "O bobo diz: aqui está meu pai; mas quem é capaz de apontar os flancos que o engendraram?" Está claro?

Que livro é este? *A história da literatura russa*, de Merslekow. "Alexandre Púchkin, o mais eminente dos poetas russos, é mais torturado pelos boatos disseminados a respeito da infidelidade de sua mulher do que pelo ferimento provocado por uma ba-

---

[7] Traduzi a citação ao pé da letra. A tradução de Carlos Alberto Nunes, em versos, é a seguinte: "Diz minha mãe que sou dele, de fato, gerado; contudo, / eu próprio o ignoro, ninguém tem consciência da própria linhagem". Cf. HOMERO. *Odisséia*. Rio de Janeiro: Ediouro, [s.d.], p. 27. (N. da T.)

la em duelo. Agonizante, jura que a mulher era inocente! Que animal, jurar a inocência de uma mulher!" Assim, vocês podem ver o que estou lendo nos meus livros. Ah, você está aí, João? E o doutor, claro. Vocês ouviram o que eu acabei de responder a uma inglesa que se queixava dos irlandeses que jogam lampiões acesos na cara das esposas? Que espécie de mulheres? Atalhei. Mulheres? Ironizou ela. – Sim, que espécie de mulheres atrai sobre si este tipo de castigo? – Será que ela compreendeu? Provavelmente não!

O PASTOR
Compreendeu?... O quê?

O CAPITÃO
Nada! Não se compreende nada, mas se crê, não é João? Quem crê se torna bem-aventurado... Bem-aventurado? O que eu sei é que o homem pode se tornar desventurado. Sim, sim! Desventurado...

O MÉDICO
Senhor Capitão!

O CAPITÃO
Cale a boca! Ou melhor, fale com o meu curador. Que belo curador este João! Hein? Escute, João?! Você é o pai dos seus filhos?

O PASTOR
Adolfo! Cuidado!

O CAPITÃO
Ah! Você se lembra do jovem preceptor que você hospedou no outono passado? Era um rapaz bonito e, a se dar ouvido aos comentários... Meu Deus, ele ficou pálido! E o senhor, doutor! O que foi que eu acabei de saber! O senhor teria tido um

cunhado que era filho "natural", um lugar-tenente! Ele se chamava: *(Fala baixo, ao ouvido do médico.).* Ele ficou verde, olha só! Não se aborreça, caro doutor. É assim que as coisas acontecem neste mundo! E...

O MÉDICO

(Incomodado.)

Vamos mudar de assunto.

O CAPITÃO

Ora! Ele quer mudar de assunto, sempre que eu toco nesta tecla!

O PASTOR

Saiba, meu caro, que você está louco!

O CAPITÃO

Estou cansado de saber! Mas como foi que eu fiquei louco? Isso não é da conta de vocês! Mudemos de assunto! *(Pegando o álbum de fotografias e folheando.)* Ah, misericórdia! Minha filha! – Minha filha! Isso é o que não se sabe! – Vocês sabem o que seria preciso fazer? Casar; divorciar e depois adotar as crianças; assim se teria certeza de ser o pai adotivo. E de que é que isso me serve, de que serve a um homem perdido? Me deixem morrer em paz; eu já não existo mais! *(O médico fala baixo ao ouvido do Pastor, e os dois saem pela esquerda.)*

Cena 6

O Capitão. (Largado numa poltrona.) Berta.

Berta
 Pai, você está doente?

O capitão
 Eu?

Berta
 Você sabe que você jogou o lampião na cabeça da mamãe?

O capitão
 Eu?

Berta
 Você, sim. Imagine as conseqüências terríveis que isso poderia ter provocado!

O capitão
 E daí? O quê?

Berta
 Se você está falando assim é porque não é meu pai.

O capitão
 Você disse!... que eu não sou seu pai! Como é que você sabe? Quem foi que te disse isso? Então quem é seu pai?... Quem?

Berta
Você é que não é!

O capitão
Não sou eu! Quem é então? Quem? Você parece bem informada. Quem te contou esse segredo? Você entende que, falando assim, você ofende sua mãe?

Berta
Não fale mal da minha mãe!

O capitão
Por que não, se é a verdade?

Berta
Papai!

O capitão
É uma santa! Imaculada, inviolável!... tudo o que você quiser!

Berta
Papai!

O capitão
Vem, minha filha querida!... Você é minha filha, não é? Com certeza, não pode ser de outro modo! É isso! O resto não passava de idéias doentias que atravessavam o cérebro e desapareciam como a peste. – Olhe para mim para que eu veja minha alma refletida nos seus olhos. – Oh! Vejo a alma dela também! Aí há duas almas, e você me ama com uma e me rejeita com a outra! Mas você só amará a mim! Você terá apenas uma alma, um pensamento, uma única vontade: a minha!

BERTA
Não quero!

O CAPITÃO
Mas eu quero: você não sabe que eu sou canibal e que vou te devorar! – Sua mãe quis me devorar, mas não conseguiu. Eu sou Saturno devorando os próprios filhos, porque lhe predisseram que seus filhos o devorariam. – Comer ou ser comido! Essa é a questão! – Se eu não te devorar, você me devora e você já me mostrou suas tendências carnívoras. Mas não tenha medo: eu não vou te fazer nenhum mal. *(Aproxima-se de uma panóplia para pegar um revólver.)*

BERTA
Mamãe! Socorro! Ele quer me assassinar!...

MARGARIDA
(Entrando.)
Seu Adolfo! O que é isso?

O CAPITÃO
Você tirou os cartuchos?

MARGARIDA
Tirei! E escondi; mas espere um pouquinho, eu vou buscar! *(Berta sai pela esquerda, enquanto Margarida, pegando o Capitão pelos braços, o obriga a se sentar; ela se coloca atrás dele, preparando a camisa-de-força.)* Seu Adolfo se lembra de quando ele era meu menino bem-comportado, eu alisava os lençóis de sua caminha, de noite, enquanto fazia o senhor dizer suas orações? Ele se lembra de como eu me levantava, à noite, para lhe dar de beber; como, depois de ter acendido a vela, eu lhe contava histórias de fadas, quando os pesadelos não o deixavam dormir? Ele se lembra de tudo isso?

O CAPITÃO
Continue falando, Margarida. Sua voz acalma a minha cabeça como um sono suave. Fale mais!

MARGARIDA
Uma vez, meu bebê pegou um facão de cozinha para fabricar barquinhos e eu tive que empregar toda a minha astúcia para que ele me devolvesse aquele instrumento perigoso. Ele era tão extravagante que era preciso enganá-lo. Me dê esta cobra, eu disse, senão ela vai te morder! *(Ela arranca o revólver das mãos do Capitão.)* E ele logo largou a faca. Uma outra vez, como ele não queria se vestir, eu tive que ir com jeitinho, prometendo a ele uma roupa toda de ouro, como a do príncipe da Bela Adormecida; e eu peguei o casaco de lã verde e, colocando-o em frente ao seu corpo, gritei: estátua! e não se mexa enquanto eu abotôo o casaco nas costas. *(Ela pôs a camisa-de-força no Capitão apático.)* Depois eu dizia: vamos! levante, bebê, para eu ver como ficou! *(Ela o leva até o divã.)* E no fim eu gritava: "Vai deitar!".

O CAPITÃO
O quê? Como é que ele podia ir deitar depois de ter se vestido?... Maldita espertalhona! *(Quer se libertar.)* Ah, mulher endemoniada! Quem poderia pensar que você fosse tão inteligente? *(Deita no divã.)*... enganado! aprisionado! garroteado! Impossível morrer!

MARGARIDA
Perdoe, seu Adolfo! Mas eu precisava salvar a menina.

O CAPITÃO
Por que você não me deixou matar a menina? A vida é um inferno e as crianças pertencem ao céu.

MARGARIDA
O que é que ele sabe do céu?

O CAPITÃO
Nada! a não ser que ele é o nada!

MARGARIDA
Seu Adolfo! Acalme seu coração endurecido e implore a misericórdia divina. O ladrão crucificado...

O CAPITÃO
Você fareja cadáver, urubu velho! *(Margarida tira o livro de orações do bolso e o Capitão grita.)* Pedro, você está aí? *(Pedro entra.)* Bota esta mulher pra fora! Ela quer fazer de mim um herege! Jogue pela janela, pela chaminé! Em qualquer lugar!

PEDRO
Às ordens, meu Capitão, mas não posso! Se fossem três homens!... mas uma mulher!

O CAPITÃO
Você não consegue dar conta de uma mulher!

PEDRO
Não é isso, meu Capitão! Mas há algo de especial com as mulheres: não se pode botar a mão nelas!

O CAPITÃO
O quê de especial? Ela não botou a mão em mim?

PEDRO
Claro, claro, mas eu não posso! É como se eu quisesse bater no Pastor! Não parece que ele encarna a religião? Não posso!

Cena 7

Os mesmos. Laura. Pedro. (Sai.)

O CAPITÃO
Ônfale! Ônfale! Você maneja as armas, enquanto Hércules fia a lã.[8]

LAURA
Adolfo, olhe para mim! Você acha que eu sou sua inimiga?

O CAPITÃO
Com certeza!... Todas, todas as mulheres me trataram como inimigo: minha mãe, que, para evitar as dores do parto, consentiu que me mutilassem; minha ama-de-leite, que me injetou sangue de mulher nas veias; minha irmã, que me ensinou a me submeter à sua vontade; a primeira mulher que eu tive e que me deu dez anos de doença em troca dos meus primeiros amores; minha filha, que me renega e você, minha mulher, que me conduz à beira do túmulo.

LAURA
Não sei ao certo se são minhas as idéias que você me atribui. Talvez um vago desejo de me livrar de você, como de alguma coisa que atrapalha, tenha obcecado meu espírito; e mesmo se você se obstina em ver na minha conduta um pla-

---

[8] Ônfale, rainha mitológica da Lídia, na Ásia Menor, desposou o herói Hércules, depois de tê-lo obrigado a fiar a lã a seus pés, como uma mulher. (N. da T.)

no organizado, eu argumentaria que tudo isso poderia ter sido feito sem que eu tivesse percebido. Nunca pensei sobre os acontecimentos que se desencadearam no percurso que você tinha traçado. Sua existência pesava no meu peito como uma rocha que me impedia de respirar; eu me sacudi e a rocha caiu. E daí? Foi tudo muito simples! Se você foi esmagado, azar! E eu peço perdão, sem remorso nenhum, inocente diante de Deus e da minha consciência.

O CAPITÃO
Parece que a coisa aconteceu assim; mas quem pode afirmar que os outros assassinos também não sejam tão inocentes quanto você? Não ver, hipnotizar-se, embebedar-se até o torpor, até perder os sentidos, para não achar um cúmplice em si mesmo; depois se comete o crime, inconscientemente.

Inconscientemente!... que bela invenção! Anotem isso, assassinos! Estou com frio!... um frio horrível! *(Laura o cobre com seu xale, Margarida vai buscar um travesseiro.)*

LAURA
Me dê sua mão, meu amigo!

O CAPITÃO
A mão que você amarrou. Ônfale! Mas sinto nos lábios o seu xale tão morno, tão macio quanto o seu braço, cheirando a baunilha como os seus cabelos antigamente, Laura, quando – já faz tanto tempo – nós passeávamos sob as bétulas, pisando as flores de prímula, misturando ao canto dos melros nossos sussurros de amor! Ah, como a vida era bela! E como se tornou lúgubre! Quem foi que a transformou assim?

LAURA
Foi Deus, ele que reina...

O CAPITÃO
O Deus da luta, ou melhor, a deusa! Tira este gato que me pesa! Tira este gato! *(Margarida tira o xale.)* Tragam a minha túnica e joguem sobre o meu corpo: quero morrer como soldado! *(Margarida pega a túnica no cabide e coloca-a sobre o Capitão.)* Ah, a minha rude pele de leão, que você quis arrancar, Ônfale! Mulher astuciosa, que inventou a paz eterna e o desarmamento! você quis nos subtrair nossa armadura, caçoando de nossas bugigangas. Mas, minha bela, isso foi arma antes de ser ornato! A bordadeira substituiu o ferreiro! Ônfale! Ônfale! A fraqueza pérfida venceu a força bruta! – Os pequenos dominam os grandes, os fracos dominam os fortes. – Desprezo as mulheres! Maldito seja o seu sexo! *(Tenta levantar para cuspir, mas logo cai.)* Que travesseiro você me deu, Margô? Como é duro! Tão frio! Sente-se aqui perto de mim. Assim! Aqui! Devo colocar minha cabeça em seus joelhos. – Assim! Como está quente! Curve-se sobre o meu corpo para eu sentir o teu seio! Oh! Como é bom dormir no seio de uma mulher, mãe ou amante!

LAURA
Quer ver sua filha?

O CAPITÃO
Um homem não deixa filhos; só as mulheres e é por isso que o futuro pertence a elas. – Faça-me dormir, Margô; estou tão cansado! Boa noite! E bendita sejas tu entre as mulheres! *(Ele levanta, mas cai nos joelhos de Margô.)*

Cena 8

Os mesmos. O Médico. O Pastor.

Laura
　Ajude-nos, doutor, se não for tarde demais!

O médico

　(Tomando o pulso do Capitão.)
　Um ataque de apoplexia!

O pastor
　Está morto?

O médico
　Não! Ele ainda pode recuperar os sentidos, – mas quando?

O pastor
　Deus o ressuscitará no Juízo Final!

O médico
　Sem julgamentos! E sobretudo sem acusações! Os destinos se cumprem fora de nós e à nossa revelia!

Margarida
　Ele deu sua bênção antes de morrer, senhor Pastor.

O pastor

　(Dirigindo-se a Laura.)

É verdade?

LAURA
É verdade.

O MÉDICO
Sendo assim, não sei o que pensar da origem e da causa dessa doença; minha arte é impotente! – Agora é com o senhor, Pastor.

LAURA
É tudo o que o senhor tem a dizer diante de um leito de morte?

O MÉDICO
É tudo, minha senhora! Passo a palavra a quem sabe mais que eu!

BERTA
(Entra e se lança nos braços da mãe.)
Mãe!

LAURA
Filha! Minha filha!

O PASTOR
Amém!

FIM

Dossiê
August Strindberg

Cronologia da vida do autor

1849   Johan August Strindberg nasce em Estocolmo no dia 22 de janeiro. Filho de um comerciante, Carl Oscar Strindberg, e de sua ex-empregada, Ulrika Eleonora Norling. É o terceiro filho de um total de nove.

            A personalidade tímida e desconfiada do autor se desenvolve num ambiente familiar conturbado e marcado pela pobreza. Sua casa é pequena e a família vive apinhada em poucos cômodos.

1862   Sua mãe morre de tuberculose e seu pai se casa em seguida. Strindberg não tem um bom relacionamento com a madrasta.

1867   Entra para a Universidade de Uppsala, mas logo a abandona.

1868   Torna-se professor em Estocolmo na mesma escola pública em que estudou.

1869   Freqüenta o Teatro Real, em Estocolmo.

            Viaja para Copenhague trabalhando como ator.

1870   Retorna à Universidade de Uppsala.

1872   Deixa a universidade sem concluir os estudos.

            Escreve o drama histórico *Mäster Olof (Mestre Olof)*, sobre as reformas suecas ocorridas no século XVI. Diante do fracasso da obra, pensa em abandonar a escrita.

1873   Volta para Estocolmo, onde trabalha como jornalista para uma revista de seguros.

1874	Ingressa na Biblioteca Real de Estocolmo e mergulha nos estudos.
1875	Apaixona-se pela baronesa Siri von Essen, esposa do barão Carl Gustaf Wrangel.
1876	Siri divorcia-se do marido e torna-se atriz.
1877	August casa-se com Siri von Essen, que o incentiva a retomar a atividade de escritor.
1879	Publica seu primeiro romance, *Röda rummet (O quarto vermelho)*. Com esse livro, Strindberg passa a ser visto como um dos escritores mais proeminentes da literatura nórdica.
	Ibsen escreve *Casa de bonecas*.
1880	Nasce sua primeira filha, Karin.
1881	A peça *Mestre Olof* é reapresentada, agora com êxito. Assim, passa a confiar na possibilidade de ganhar a vida como escritor e abandona o emprego na biblioteca.
	Nasce Greta, sua segunda filha.
1881-82	Escreve *Lycko-Pers Resa (A viagem de Pedro, o Felizardo)*, peça que inaugura a sátira social na dramaturgia sueca.
1883	Morre seu pai.
	Neste ano, tem uma vida de andarilho, mudando com a família para a França, a Suíça, a Alemanha e a Dinamarca.
	Suas primeiras peças são publicadas.
1884	Escreve *Giftas (Casar)*, uma série de contos sobre o matrimônio moderno. O livro foi confiscado por falta de respeito e Strindberg, acusado de blasfêmia, é obrigado a voltar à Suécia para se defender. No entanto, é absolvido. Esse episódio elevou ainda mais a sua popularidade, principalmente entre os jovens.
	Nasce seu filho Hans.
	Volta a morar em Paris.
1886	Muda-se novamente para a Suíça.
	Publicada sua autobiografia: *Tjänstekvinnans son (O filho da empregada)*.

1886-87	Escreve *Kamraterna (Camaradas)*.
1887	Com problemas no casamento, Strindberg e a esposa decidem se separar. Ele se muda para a Dinamarca.
	Escreve *Fadren (Pai)*, um dos dramas psicológicos mais densos do teatro moderno e uma resposta à peça *Casa de bonecas*, de Ibsen.
1888	Escreve a peça *Fröken Julia (Senhorita Júlia)*.
	Funda o Teatro Experimental Escandinavo.
1889	Volta à Suécia, estabelecendo-se em Estocolmo.
	Senhorita Júlia é encenada, com Siri von Essen no papel principal.
1890	Escreve *Fordringsägane (Os credores)*, cujo eixo temático é o mesmo dos últimos trabalhos.
1891	Divorcia-se de Siri von Essen.
1892	Vai para Berlim, onde vive até abril do ano seguinte.
1893	Casa-se com a austríaca Frida Uhl e muda-se para a Áustria.
1894	*Pai* é encenada no Théâtre de l'Oeuvre.
	Nasce a filha Kerstin.
	Separa-se de Frida e muda-se para Paris. Tem início o seu inferno astral.
1895	Dedica-se a experimentos com a alquimia.
	Aproxima-se do ocultismo e da teosofia. Lê os escritos espirituais de Emanuel Swedenborg.
1896	Muda-se para a pensão Orfila, em Paris, na Rue d'Assaz, que servirá de cenário para o seu texto *Inferno*.
1897	Divorcia-se de Frida.
	Vive o clímax e o fim de seu inferno espiritual.
	Escreve *Inferno*, em francês.
1898	Escreve *Till Damaskus I-II (Para Damasco I-II)*, obra considerada precursora do teatro expressionista.

1899	Escreve *Brott och Brott (Crimes e crimes)*.
	Volta para Estocolmo. Escreve uma série de peças sobre a história sueca, como *Eric XIV (Érico XIV)*.
1900	Conhece a atriz Harriet Bosse.
	Escreve *Dodsdansen 1-2 (A dança da morte)*.
1901	Casa-se em maio com Harriet Bosse.
	Escreve a peça *ett drömspel (Um sonho)*.
1902	Nasce sua filha Anne-Marie.
1903	Separa-se de Harriet.
1907	Publica a coletânea *Kammerspel (O teatro de câmara)*, que inclui as peças *Oväder (Tempestades)*, *Brända Tomten (A casa queimada)*, *Spoksonatem (A sonata fantástica)* e *Pelikanen (O pelicano)*.
	Inaugura o Teatro Íntimo, que dirigiu junto com o ator e encenador August Falk.
1908	Muda-se para a "Torre Azul", onde hoje está instalado o Museu Strindberg.
	Apaixona-se por Fanny Falkner, uma jovem atriz do Teatro Íntimo.
1908	Escreve *Bjalbojarlen (O duque de Bjälbo)* e *Svarta Handsken (A luva negra)*.
1909	Escreve sua última peça: *Stora landsvagen (A estrada principal)*.
1910	Encerram-se as atividades do Teatro Íntimo.
1912	Morre no dia 14 de maio, vitimado por um câncer no estômago.

Cronologia das obras do autor

1869	*Fritänkaren (O livre-pensador)*. Esboço dramático
1870	*I Rom (Em Roma)*. Peça de um ato *Hermione (Hermíone)*. Tragédia
1871	*Den Fredlöse (O fora-da-lei)*. Peça de um ato *En berättelse från Stockholms skärgård (Uma história do arquipélago de Estocolmo)*. Prosa
1872	*Mäster Olof (Mestre Olof)*. Peça em prosa
1873-76	*Från havet – Här och där (Do Mar – Lá e Aqui)*. Poesia e prosa
1875	*Anno Fyrtioåtta (Ano quarenta e oito)*. Comédia
1875-76	*Han och hon (Ele e ela)*. Correspondência com Siri von Essen
1876	*Mäster Olof (Mestre Olof)*. Peça em versos
1877	*Från Fjärdingen och Svartbäcken (Do Fjärdingen e Svartbäcken)*. Contos de Upsala
1872-80	*Kulturhistoriska studier (Estudos de história cultural)*. Ensaios
1879	*Röda Rummet (O quarto vermelho)*. Romance
1879-80	*Gillets Hemlighet (O segredo da Guilda)*. Comédia
1880	*Gamla Stockholm (Velho Estocolmo)*. Ensaio
1881-82	Lycko-Pers Resa *(A viagem de Pedro, o Felizardo)*. Saga *Svenska Folket (O povo sueco)*. Ensaio
1882	*Herr Bengts Hustru (A esposa do senhor Bengt)*. *Riket (O novo reino)*. Prosa satírica

1882-94   Svenska Öden och Äventyr (O destino sueco e aventura). Prosa
1883   Sömngångarnätter På Vakna Dagar (Noites de sonâmbulo em dias de vigília).
          Dikter På Vers och Prosa (Poemas e verso e prosa).
1884   Likt och olikt (kultur-och samhällskritik) 1-2. (Iguais e desiguais (Crítica social e cultural)) 1-2
          Samvetskval (Consciência pesada). Novela
1884-85   Giftas I (Casar). Relatos
1885   Utopier i Verkligheten (Utopias na realidade). Prosa
1886   Giftas II (Casar). Relatos
          Tjänstekvinnans son (O Filho da Empregada).
          En själs utvecklingshistoria I (A história de uma alma).
          Jäsningstiden II (Tempo de Fermentação).
          I Röda rummet III (O quarto Vermelho).
          Författaren IV (O Escritor). Autobiografia
          Bland Franska Bönder (Entre camponeses franceses). Reportagem
1886-87   Kamraterna (Camaradas). Comédia
1887   Fadren (Pai). Tragédia
          En Dåres Försvalstal (A defesa de um louco). Autobiografia
          Hemsöborna (Os moradores de Hemsö). Romance
1887-90   Vivisektioner (Vivisseções). Estudos psicológicos
1888   Lê Plaidoyer D'un Fou (A defesa de um louco).
          Fröken Julia (Senhorita Júlia). Tragédia
          Skärkarlsliv (A vida no arquipélago). Relatos
          Tschandala (Tschandala). Relato histórico
1889   Paria (O pária). Peça de um ato
          Samum (Simun). Peça de um ato
          Den Starkare (A mais forte). Peça de um ato
          Folkkomedin Hemsöborna (A comédia popular dos moradores de Hemsö). Comédia
1889-90   I Havsbandet (Na beira do mar). Romance
1890   Fordringsägare (Os credores). Tragi-comédia
1892   Himmelrikes Nycklar (As chaves do reino celeste). Drama

Inför Döden (Diante da morte). Peça de um ato
Debet och Kredit (Débito e crédito). Peça de um ato
Första Varningen (Primeira advertência). Peça de um ato
Leka Med Elden (Brincando com fogo). Peça de um ato
Moderskärlek (Amor materno). Peça de um ato
Bandet (O Laço). Peça de um ato

1893   *Antibarbarus I (Antibarbarus)*. Tratado de química
1894   *Vivisektioner II (Viviseções)*. Estudos psicológicos
1895   *Jardin des plantes (O jardim das plantas)*. Tratado de filosofia natural
1886-96   *Sveriges nature (A natureza sueca)*. Ensaio
1896-1908   *Ockulta Dagboken (O diário oculto)*.
1897   *Inferno (Inferno)*. Autobiografia
1898   *Till Damaskus I-II (Para Damasco I-II)*. Drama
Legender (Lendas). Prosa
Klostret (O mosteiro). Romance autobiográfico
Advent, Ett Mysterium (Adventício, um mistério). Drama
1899   *Brott och Brott (Crimes e crimes)*. Comédia
Gustav Vasa (Gustavo Vasa). Peça teatral
Folkungasagan (A saga dos Fulkunga).
Eric XIV (Érico XIV). Peça teatral
1900   *Gustaf Adolf (Gustavo Adolfo)*. Peça teatral
Midsommar (Solstício de verão). Comédia
Kaspers Fettisdag (O carnaval de Kaspar). Comédia
Dödsdansen 1-2 (A dança da morte). Peça teatral
Påsk (Páscoa). Peça teatral
1901   *Kristina (A Rainha Christina)*.
Engelbrekt (Engelbrekt).
Kronbruden (A coroa da noiva). Peça teatral
Till Damasco III (Para Damasco).
Carl XII (Rei Carlos XII). Peça teatral
Ett drömspel (Um sonho). Peça teatral
Svanevit (Branco de cisne). Peça teatral
1902   *Fagervik och Skamsund (Fagervik e Skamsund)*. Relatos e poemas

	Gustav III (Gustavo III). Peça teatral
	Holländarn (O holandês). Fragmento dramático
1902-05	*Ordalek och Småkonst (Jogo de palavras e pequenas artes)*. Poemas
1903	*Ensam (Só)*. Novela autobiográfica
	Sagor (Sagas). Novela
	Näktergalen i Wittenberg (O rouxinol de Vitenberg). Peça teatral
	Världshistoriens Mystik (A mística da história mundial).
1904	*Götiska Rummen (O quarto gótico)*. Romance
	Svarta Fanor (Bandeiras negras). Romance
1905	*Historiska Miniatyrer (Miniaturas históricas)*. Contos
	Nya Svenska Öden (O Novo Destino Sueco) Prosa
1906-07	*Taklagsöl, Syndabocken. (A festa de obra, O bode expiatório)*. Dois relatos
1907	*Oväder (Tempestades)*. Peça de câmera, Opus I
	Brända Tomten (A casa queimada). Peça de câmera, Opus II
	Spöksonaten (A sonata fantasmática). Peça de câmera, Opus III
	Toten-Insel (A ilha da morte). Fragmento dramático
	Pelikanen (O pelicano). Peça de câmera, Opus IV
1907-12	*En Blå Bok, I-IV (Um Livro Azul)*. Prosa
1908	*Abu Casems Tofflor (As chinelas de Abu Kassem)*. Peça teatral
	Sista Riddaren (O último cavaleiro). Peça teatral
	Riksföreståndaren (O regente). Peça teatral
	Memorandum till medlemmarna av Intima teatern (Memorandum aos membros do Teatro Íntimo). Prosa
	Öppna Brev till Intima Teatern (Carta aberta ao Teatro Íntimo). Prosa
	Bjälbojarlen (O duque de Bjälbo). Peça teatral
	Svarta Handsken (A luva negra). Peça de câmera, Opus V
1909	*Stora Landsvagen (A estrada principal)*. Drama
	Fabler (Fábulas). Relatos
1910	*Religiös renässans eller Religion mot teologi (A renascença religiosa ou a religião contra a teologia)*.

Bibliska egennamn (Nomes bíblicos). Ensaio
Modersmålets anor (O passado da língua materna). Ensaio
Tal till svenska nationen (Discurso para a nação sueca). Ensaio
Folkstaten. (O estado do povo). Ensaio
Världsspråkens rötter (Raízes das línguas do mundo). Ensaio

1910-11 *Kina och Japan (China e Japão).* Ensaio

1911-12 En extra blå bok. Register till En blå bok (Mais um livro azul. Índice de Um Livro Azul) Prosa

1912 *Kinesiska språkets härkomst (A orígem da língua chinesa).* Ensaio
Czarens kurir (O mensageiro do czar). Artigos políticos

Sugestões de leitura

É paradoxal que um autor tão importante e tantas vezes encenado no país disponha de tão poucos títulos nas estantes das livrarias brasileiras.

Recorreremos, então, a obras de referência e a algumas sugestões em língua estrangeira.

ADAMOV, Arthur. *Strindberg*. Paris: L'Arche, 1984.
> Vale a pena conhecer a vida de um autor confessional como Strindberg. Arthur Adamov traduziu peças de Strindberg para o francês e também escreveu, em 1955, para a coleção *Les grands dramaturges,* uma biografia de Strindberg: reeditada em 1984.

BENTLEY, Eric. "August Strindberg". In: *O dramaturgo como pensador. Um estudo de dramaturgia nos tempos modernos*. Tradução de Ana Zelma Campos. Rio de Janeiro: Civilização Brasileira, 1991, pp. 235-261.
> Nesse livro, escrito em 1946, Eric Bentley dedica um longo capítulo a Strindberg. Sublinha as relações entre a vida e a obra do dramaturgo e analisa suas peças em conexão com a tradição estética, especialmente com a herança romântica, enfatizando a torção moderna que Strindberg impôs a ela, inaugurando assim uma rica linhagem de autores que têm para com ele uma dívida intelectual inegável.

BRUSTEIN, Robert. "August Strindberg". In: *O teatro de protesto*. Tradução de Álvaro Cabral. Rio de Janeiro: Zahar Editores, 1967, pp. 103-155.

Nessa obra, que já é um clássico para a compreensão do teatro como instrumento de rebeldia e inconformismo, Brustein analisa Strindberg a partir da perspectiva de seus conflitos tanto interiores como de ordem social, confrontando-o em diversas ocasiões com seu contemporâneo Ibsen.

GASSNER, John. "A sucessão escandinava e Strindberg". In: *Mestres do Teatro*, v. 2. Tradução de Alberto Guzik e J. Guinsburg. São Paulo: Perspectiva, 1980, pp. 37-52.

Um breve ensaio sobre o lugar de Strindberg na produção teatral européia de sua época, com comentários sobre sua carreira e sua produção dramatúrgica.

NICOLL, Allardyce. "Strindberg and the play of the subconscious". In: *World Drama from Aeschylus to Anouilh*. New York: Harcourt, Brace and Company, [s.d.], pp. 547-563.

ROBINSON, Michael. *Strindberg and Autobiography*. Norwich: University of East Anglia, 1986.

A pesquisa de Michael Robinson projeta a obra de Strindberg contra o panorama mais amplo dos escritos autobiográficos.

STRINDBERG, August. *Senhorita Júlia* (escrita em 1888). Tradução de Knut Bernström e Mário da Silva. *Pai*, (escrita em 1887). Tradução de Brigitta Lagerblad de Oliveira. Rio de Janeiro: Civilização Brasileira, 1970.

A importância dessa edição, provavelmente esgotada, é o prefácio a *Senhorita Júlia*, um manifesto condensado de Strindberg a respeito de sua técnica dramática, exemplificada pela peça em questão.

_____ *A dança da morte*. Tradução de Mário Franco de Souza. São Paulo: Abril Cultural, 1977 (escrita em 1901).

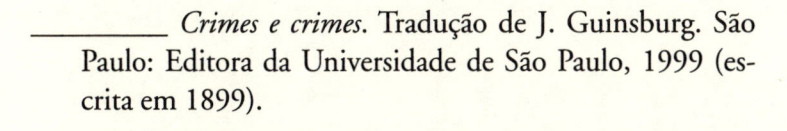

_____ *Crimes e crimes*. Tradução de J. Guinsburg. São Paulo: Editora da Universidade de São Paulo, 1999 (escrita em 1899).

_____ *Inferno*. Tradução Ismael Cardim. São Paulo: Max Limonad, 1982.

A obra de Strindberg tem um viés marcadamente confessional. O relato *Inferno* foi escrito originalmente em francês (1897), e depois traduzido para o sueco. Nele, o autor descreve o período em que esteve internado em Paris, no hospital Saint-Louis, para tratar-se de uma psoríase e de delírios persecutórios que o levaram a atentar contra a própria vida.

_____ *O sonho*. Tradução de João Fonseca Amaral. Lisboa: Editorial Estampa, 1978.

O sonho, escrita em 1901, estreou em Estocolmo em 1907 e teve grande influência sobre o movimento expressionista europeu.

ZAMORA, Juan Guerrero. "Strindberg". In: *Historia del teatro contemporáneo*, v. 2. Barcelona: Juan Flors, 1961, pp. 3-55.

Autores e títulos publicados

1. Tennessee Williams — *Um bonde chamado Desejo*
2. Bernard Shaw — *A profissão da sra. Warren*
3. Maquiavel — *A mandrágora*
4. Luigi Pirandello — *Seis personagens à procura de autor*
5. Federico García Lorca — *Bodas de sangue*
6. Sófocles — *Rei Édipo*
7. Peter Weiss — *Perseguição e assassinato de Jean-Paul Marat representados pelo grupo teatral do Hospício de Charenton sob a direção do senhor de Sade*
8. Millôr Fernandes — *É... Baseado num fato verídico que apenas ainda não aconteceu*
9. Anton Tchékhov — *As três irmãs*
10. Eugene O'Neill — *Longa jornada noite adentro*
11. Shakespeare — *Hamlet*

12.	EUGÈNE IONESCO	*A lição*
		As cadeiras
13.	NICOLAI GÓGOL	*O inspetor geral*
14.	LESSING	*Emília Galotti*
15.	QORPO SANTO	*As relações naturais*
		Eu sou vida; eu não sou morte
		Mateus e Mateusa
		Hoje sou um; e amanhã outro
16.	MOLIÈRE	*O médico volante*
		As preciosas ridículas
		Os ciúmes do Barbouillé
17.	OSCAR WILDE	*A importância de ser Fiel*
18.	AUGUST STRINDBERG	*Pai*
19.	ALFRED JARRY	*Ubu Rei*
20.	GIL VICENTE	*Farsa de Inês Pereira*
		Auto da Índia
21.	HAROLD PINTER	*A volta ao lar*
22.	EDMOND ROSTAND	*Cyrano de Bergerac*
23.	CARLO GOLDONI	*Arlequim, servidor de dois patrões*
24.	LEV TOLSTÓI	*O cadáver vivo*
25.	LOPE DE VEGA	*Fuente Ovejuna*
26.	ÉMILE ZOLA	*Thérèse Raquin*
27.	SÊNECA	*Fedra*

Próximos autores

- Álvares de Azevedo
- Angelo Poliziano
- Aristófanes
- Balzac
- Beaumarchais
- Ben Jonson
- Bjöernstjerne Björnson
- Büchner
- Calderón de la Barca
- Cervantes
- Christopher Marlowe
- Conde Carlo Gozzi
- Corneille
- Denis Diderot
- Dumas Filho
- Dumas Pai
- Ésquilo
- Eugène Scribe
- Eurípides
- Frank Wedekind
- Friederich Hebbel
- Friedrich Maximiliam von Klinger
- Giordano Bruno
- Goethe
- Górki
- Gustave Flaubert
- Heinrich von Kleist
- Ibsen
- John Ford
- John Keats
- John Millington Synge
- José Zorilla y Moral
- Lord Byron
- Ludovico Ariosto
- Marivaux
- Musset
- Ostróvski
- Púchkin
- Racine
- Schiller
- Terêncio
- Thomas Otway
- Tirso de Molina
- Torquato Tasso
- Turguiêniev
- Victor Hugo
- Voltaire

Sobre a coleção

Os melhores escritores do mundo ocidental juntos numa única coleção: *Os grandes dramaturgos*.

Um acervo que reúne o que de melhor foi escrito no gênero dramático em 25 séculos: das antigas tragédias gregas até as obras dos melhores dramaturgos contemporâneos.

A coleção apresenta muitas das peças mais importantes do teatro de origem ocidental.

COMO ADQUIRIR OS LIVROS

Você encontra os livros desta coleção nas principais livrarias do país.

Mas, se preferir, poderá comprar qualquer livro ou a coleção inteira diretamente da editora e efetuar o pagamento da forma como quiser: cartão de crédito, boleto bancário, cheque ou depósito em conta; à vista ou a prazo.

Acesse o site www.peixotoneto.com.br ou ligue (0xx11) 3063-9040 e aproveite as inúmeras promoções que a editora oferece.

*Obra composta para a Editora Peixoto Neto pela
Oficina Editorial e impressa pela Geográfica Editora
em outubro de 2007*